De La Battalla A La Victoria

Lo que otros dicen...

La talentosa autora y oradora Janet Perez Eckles sabe de aplastantes decepciones. En "De la batalla a la victoria", su historia nos asegura que incluso cuando la noticia es devastadora, Dios sigue obrando. Janet ilumina un sendero a través de la ansiedad, la tristeza y el insomnio hasta la Fuente de esperanza, fuerza y propósito.

—PEGGY SUE POZOS
Oradora internacional,
autora de 32 libros incluyendo
Las diez mejores decisiones que puede tomar una madre soltera y *La Patente*

Janet puede ver lo invisible y, por lo tanto, Dios ha hecho lo imposible en su vida. La historia de su vida en "De la batalla a la victoria" es tan fascinante, que uno siente que lo está viviendo junto a ella. Sus tragedias transformadas en triunfo son una aventura singular, convincentes y conmovedores, inspirando una esperanza increíble, todo debido a la asombrosa gracia de Dios. La historia de Janet me ha animado a embarcarme en un nuevo y vibrante viaje de experimentar los enormes tesoros de Dios en la vida. Uno que de seguro me llevará a mis propios episodios y temporadas victoriosas.

—KELLY ANN BRADICICH
Fundadora y Directora Ejecutiva
Ministerio de Mujeres Kelly-Ann, Inc.
West Palm Beach, FL

He tenido el privilegio de cruzarme en el camino con Janet Perez Eckles, profesional y personalmente, desde hace casi veinte años. He sido testigo de cómo está "chica ciega de Bolivia" se montaba sin miedo los aviones por innumerables países para compartir su mensaje de la maravillosa gracia de Dios. La he visto conservar la fe en la bondad de Dios a pesar de perder a su hijo a manos de un asesino. Habiendo pasado años en Bolivia, puedo testificar que sus increíbles experiencias infantiles no son apócrifas. "De la batalla a la victoria" hace relucir el asombroso viaje de la vida de Janet desde la ceguera física a la gozosa visión espiritual que bendice a todos los que la conocen. No puedo recomendar este libro lo suficiente para cualquier lector que anhele conocer —en este mundo lleno de oscuridad, dolor y desesperación—, la voluntad de Dios, su amor, su sanidad y su redención".

—JEANETTE WINDLE
Periodista de investigación
autora de *Todos los Santos, CrossFire* y
Perdonado: El tiroteo en la escuela Amish,
El amor de una madre y una *Historia de notable gracia*

"De la batalla a la victoria" es un relato genuino de dolor y sanidad, tristeza y gozo mientras Janet Perez Eckles comparte su trayectoria desde su niñez en la pobreza de Bolivia a una nueva vida en América que le trajo ceguera, traición y muerte. Con la Palabra de Dios viva en ella y el Espíritu Santo como compañero, Janet ha cogido su bastón blanco de valentía para comunicar su mensaje a todo el mundo en conferencias, en televisión y por radio, descubriendo en el proceso que el dolor, la angustia y la devastación cruzan todas las fronteras, idiomas y etnias. En estas páginas descubrirás cómo Dios restaura a quienes lo invocan, sana a quienes creen y transforma todas las cosas para bien de aquellos que verdaderamente lo aman. Estoy orgulloso de considerar a Janet mi amiga, y te insto a que leas este increíble libro y lo compartas con tu familia y amigos.

—CHUCK GRAHAM
Autor de *Take the Stand* y *A Year of Encouragement*
Fundador y Director Ejecutivo,
Ministerios Internacionales Ciloa
Lawrenceville, GA

"De la batalla a la victoria" es una maravillosa lectura que me dejó completamente inspirada por el Espíritu Santo. Simplemente no pude dejar de leerla. Viví cada momento a través de la increíble historia de Janet, lloré, reí, me regocijé y maravillé en cada vuelta. Su entusiasmo por la vida en medio de las circunstancias más oscuras, me hizo dar cuenta de que siempre hay un mejor camino cuando mantenemos nuestro enfoque en el Señor. Janet me enseñó que un ingenio como el suyo no tiene comparación. Vi cómo Dios recogió todos los pedazos rotos de su vida, los colocó en una caja de tesoros, y lo ató con la cinta de su amor.

—KAREN FE HELLER
Presidente, *Way Cool Angels, Inc.*
Addison, TX

Si los ojos ciegos son abiertos verdaderamente, entonces serán tus ojos los que se abrirán al leer la fascinante historia de Janet a través de sus luchas reales sobre la ceguera. Tu corazón será reconfortado por su relato sobre cómo es vivir con la habilidad de ver lo que otros no pueden.

—WADE MUMM, PH.D.
Pastor principal, Iglesia *Greenway*
Orlando, FL

De la Batalla a la Victoria

Como Dios Nos Rescata del Valle de la Ansiedad
y nos lleva a la Cúspide del Gozo

Janet Pérez Eckles

ISBN: 979-8-9876437-2-3

Publicado por JC Empowerment Ministries, Orlando FL
Editado por Jeanette Windle (www.jeanettewindle.com)
Portada de Swapan Das (Bigpoints) (www.99designs.com)
Diseño y formato de interiores de libros y libros electrónicos creados por EBook Listing Services (www.ebooklistingservices.com)
Visite a la autora en www.caminodeluz.net

ÍNDICE

Dedicación

La gratitud baila en mi corazón mientras dedico no sólo este libro, sino mi vida entera a Jesucristo, quien revolucionó mi vida y me abrió los ojos espirituales. Cuando mis dedos van presionando el teclado de mi computadora y escucho esa voz electrónica que lee lo que escribo, es precisamente así como navego a través de mis días de oscuridad física —siguiendo la guía de Dios hacia algo mejor, más dulce y poderosamente hermoso.

Dedico mi libro también a mi preciosa familia. Aunque como autora y oradora, sigo usando el apellido Perez Eckles, Dios puso en mi camino a un maravilloso hombre que me convirtió en la Sra. Dale Settles el 1 de diciembre de 2019. Mi más querido amigo, apoyo y compañero, Dale ha enriquecido mi vida con su amor.

Doy gracias a Dios por otros queridos miembros de la familia que nos miran ahora desde el cielo. Mi papá "Ito", siempre un ejemplo de tenacidad y valentía. Mi mamá "Ita", cuya sabiduría, alegría y amor incondicional me nutrió, me consoló en los momentos dolorosos y me animó a seguir a Jesús y servir a los demás, antes que a mí misma. Y mi hijo menor Joe, quien ahora vive en la gloria del cielo desde hace veinte años.

También al resto de mi familia, mi hermano Ed y su esposa Lois. Mis dos hijos mayores, Jason y Jeffrey. Sus hermosas esposas Rachel y Krystal. Y mis preciosos nietos hasta la fecha, Alyssa, Kamden, Eliana y Jacob. Que privilegio tenerlos cerca para que sean testigos de cómo su "Nana" ciega ve la vida a través de la belleza del amor de Cristo. Es a cada uno a quienes presento este libro, agradeciendo a Dios por el privilegio de utilizarme como su instrumento, agrupando estas palabras para mostrar Su poder en acción.

Reconocimientos

Al repasar las páginas de mi vida, muchas personas me animaron, me ofrecieron apoyo, me dieron aliento a través de los valles oscuros y me ayudaron a llegar tan alto, que nunca lo hubiera logrado sola. La lista de estas valiosas personas es muy larga para poder ser enumeradas aquí. Pero me gustaría expresar un especial agradecimiento a unas cuantas que Dios ha utilizado de maneras muy especiales, incluyendo la elaboración de este libro.

A mi primo Augusto Wayar, a quien me refiero como un hermano muy querido, por las largas horas que se tomó repasando cada capítulo. Y más importante aún, por brindarme su cariñoso apoyo a cada paso. ¡Un tesoro para mí!

A Michelle Bricking quien, con su diligencia, realizó la revisión final.

A Mónica Rodríguez Nario quien prestó su sabiduría en detalles importantes.

A Angélica Pérez quien también me ayudó con algunos capítulos. A Monica Rodriguez

A Cindi Lynch, quien ha sido el pilar de JC Empowerment Ministries. Dios no restauró mi visión física pero hizo algo mejor. Me trajo a Cindi para mostrarme, a través de su sabiduría, dedicación a Dios, diligencia y un corazón dadivoso, lo que un verdadero servidor de Dios debe ser.

A Patty Gómez, cuyos consejos, verdadera amistad y sabias palabras siempre me han levantado.

Al Pastor Wade Mumm, cuyo constante liderazgo espiritual ha enriquecido mi vida y ha impulsado mi ministerio.

A Jeanette Windle, cuyas habilidades editoriales dieron el toque final a este libro. He disfrutado de su constante aliento y asistencia a lo largo de los años, mientras se convertía en mis ojos cuando navegábamos juntas a través de las innumerables conferencias de autores y escritores.

Y a ti, mi querido lector, por invertir tu tiempo en estas páginas. Las oraciones que cubren este proyecto te incluyen también a ti, para que tus propios ojos se abran para que veas la asombrosa gracia de Dios.

Prefacio

por Jason Noble

Todos nos encontramos a una llamada de distancia para que nuestras vidas se pongan de cabeza. ¿Qué hacemos cuando recibimos esa llamada? ¿Nos desmoronamos por el miedo o nos levantamos con fe?

El libro que estás a punto de leer cambiará tu vida y tu perspectiva sobre cómo navegar a través de la decepción, tragedia o cualquier otro valle oscuro en el que te encuentres. Es una historia cautivadora de cómo una mujer superó tremendos obstáculos y traumas por su perseverancia y profunda fe en Dios. A pesar de todo lo que ella ha atravesado, Janet Perez Eckles es una de las personas más alegres que puedes conocer. La Biblia nos dice que el gozo del Señor es nuestra fortaleza (Nehemías 8:10). Fue en sus momentos más oscuros que Janet eligió la alegría, y esta alegría se convertiría en su fuerza. En estas páginas, ella ilustra cómo esa fuerza puede ayudarnos a superar incluso las más inimaginables tragedias y dolor.

Aunque Janet es físicamente ciega, me sorprende su capacidad para ver. Ella definitivamente puede ver más que la mayoría de las personas que conozco. Al contar su historia, Janet nos da grandes ejemplos de cómo ver en la esfera espiritual para que podamos vivir victoriosamente. No podemos darnos el lujo de ser espiritualmente ciegos. Mientras lees estas páginas con oídos para escuchar y ojos para ver, Dios te dará una mejor perspectiva de tu propia situación. Descubrirás cómo usar el filtro de Dios para ver tus propios desafíos de la forma en que Él los ve.

Un versículo de la Biblia comúnmente mal entendido es Romanos 8:28, que nos dice: "También sabemos que Dios dispone todas las cosas para bien de los que lo aman, a quienes él ha escogido y llamado".

Es importante notar lo que este versículo no dice. No afirma que todas las cosas sean buenas. Algunas cosas son malas, dolorosas y difíciles. Pero si amamos a Dios, Él toma todo lo malo y lo transforma para nuestro bien y Su propósito final. Vemos que esta verdad se manifiesta en el libro de Janet una y otra vez, en la medida que Dios tomó las circunstancias terribles en su vida, también las convirtió en un bien mayor.

Con bastante frecuencia, cuando enfrentamos sufrimiento o caemos en valles oscuros, queremos saber por qué. Aunque sea posible que nunca sepamos el por qué, es necesario preguntar el qué, en su lugar. Dios, ¿qué quieres que haga con esta situación? Creo que el enemigo de nuestra alma quiere que nos preguntemos el por qué para poder convencernos de que Dios no es bueno. Janet no se detuvo en el 'por qué' sucedieron estas cosas en su vida. En cambio, ella se enfocó en el 'qué'. Ella dedicó su vida a preguntar: "Señor, ¿qué quieres que haga con lo que estoy enfrentando ahora?".

Al hacer esto, sus propias dificultades y tragedias se han convertido en una vívida ilustración para ayudarnos, a ti y a mí, a caminar a través de los más impensable desafíos en nuestras propias vidas. Estoy muy emocionado al saber que caminas junto a Janet a través de este libro y su historia. Serás bendecido en maneras increíbles y estarás más preparado si llegara esa llamada telefónica o algún otro trauma imprevisto pusiera tu vida de cabeza. Oro porque permitas que este libro te mueva el corazón para que puedas ver más allá de las circunstancias y transformes tu vida en un camino de triunfo.

JASON NOBLE
Pastor en la vida real presentado en
la película de 20th Century Fox, *Breakthrough*
Publicista de la película *Jesus Revolution*
Pastor principal de My Hope Church
White City, Oregón

INTRODUCCIÓN

Algunas personas consideran que yo debería estar sumida en la miseria o la depresión pero, en realidad, ¡bailo celebrando mi victoria!

Siendo una joven boliviana, el transcurrir de mi vida no ha sido nada fácil. Es más, ha sido muy dramático y doloroso. Perdí la vista a los treinta años, mi hijo menor fue asesinado y el culpable de su muerte fue absuelto. Algún tiempo después, afronté una nueva decepción: después de 42 años de matrimonio y, de manera inesperada, mi esposo me pidió el divorcio y me dijo adiós.

La suma de todos estos sucesos desencadenó en mí una profunda desesperación y quizás, esos sentimientos se asemejen a lo que tú estás experimentando en este momento.

Afortunadamente Dios no me abandonó en mi desilusión. Por el contrario, Él utilizó mis circunstancias duras y difíciles para guiarme por el camino de la sanidad, la seguridad y la tranquilidad. Mismo camino que ahora a ti también te invita a seguir.

Ese es el propósito por el que escribí este libro, para que puedas acompañarme en esta travesía. Mientras lo hacemos, mi mayor deseo es que tú también logres encontrar esos tesoros que Dios quiere que brillen en tu vida.

Entonces, si me lo permites, podríamos acompañarnos. ¿Te gustaría ir junto conmigo en esta aventura? Comencemos rompiendo el esquema de que yo soy la autora y tú eres el lector. Para nada, ya somos amigos; si tienes este libro en tu pantalla o en tus manos, nuestra relación ya comenzó. Estoy aquí para apoyarte y estar contigo.

Quizás en este momento estas ahí, desconsolado observando los pedazos destrozados de tu vida. Esta situación ha derrumbado tu mundo y tus lágrimas no paran de caer, no encuentras soluciones, la sanidad no llega, las puertas hacia otras oportunidades de cambio no se abren por ningún lado. ¡Te encuentras en un verdadero caos!

¿Cómo puedo saberlo? Porque yo lo he vivido, he estado en esa misma situación de angustia que estuvo a punto de terminar conmigo. No sabía qué día era, si afuera llovía o si el sol brillaba, y la verdad, ni siquiera me importaba. El miedo y la angustia se apoderaron de mí y no se querían ir, no querían abandonarme.

Si en el pasado te has sentido así, me pregunto: ¿fue tu dolor tan repentino como el mío? ¿esa angustia quizás desgarró cada una de tus fibras y te hirió tanto que parecía que ya no podías soportar más? o ¿fue más bien una acumulación gradual de dolor y tristeza?

No importa cuál sea tu respuesta, te aseguro que Dios está aquí contigo como lo estuvo conmigo. Él está preparando un nuevo amanecer de libertad para ti.

Antes de que iniciemos juntos nuestro viaje, tomémonos un momento para considerar tres pasos importantes en este trayecto: el presente, el poder de Dios y el camino.

<u>EL PRESENTE</u>

No hay nada que podamos hacer para cambiar las cosas terribles que pasan en este mundo. No podemos manipular las manecillas del reloj y volver a nuestras vidas antes del COVID-19. Tampoco podemos destruir el virus que ha infectado nuestras vidas con tanto dolor y tanta pena. Entonces, no hay manera de borrar el dolor que sentimos ayer, el año pasado o hace décadas, a no ser que tomemos la decisión de dar un paso importante y drástico: enfocarnos en el poder de Dios.

<u>El PODER DE DIOS</u>

Su poder es sobrenatural, omnipresente y lo suficientemente majestuoso para derrotar toda oposición, derribar muros de dolor, como también desmantelar las mentiras del enemigo.

El poder de Dios siempre está obrando a nuestro favor. Mientras Él es quien lucha nuestras batallas, su Palabra, que es la espada de victoria, está poderosamente activa. Permíteme añadir una osada verdad: por medio de Cristo Jesús, Dios nos entregará la victoria en una bandeja de plata.

¿Cómo podemos estar seguros de ello? Porque Él ya lo hizo antes: en tiempos bíblicos, en tiempos recientes, en las profundidades de selvas remotas, en medio de edificios de apartamentos viejos y repletos, como también en casas lujosas. El poder de Dios se ha manifestado en todos los lugares y naciones. ¿Y cómo desplegará ese mismo poder en lo más íntimo de tu dolor? La respuesta está en el camino.

<u>EL CAMINO</u>

Aquel que tú y yo seguiremos nos transportará de la miseria hacia la maravillosa victoria. Podría citar muchísimos versículos bíblicos, redactar un tremendo sermón, como también escribir líneas de advertencia, pero no lo haré. Más bien, utilizaré este libro para hacerte conocer el trayecto que nos llevará del valle más oscuro hasta la cima de la montaña del triunfo. Aquí te mostraré mis experiencias en mi caminar con Dios, comenzando con mi niñez en Bolivia, donde Él, y sin yo saberlo, ya me estaba preparando para enfrentar la adversidad que me estaba esperando.

Tú podrás comprobar, a medida que vayas leyendo cada capítulo, cómo cada una de sus promesas se cumplen. No tanto para mi beneficio sino para el tuyo. Para que veas cómo el Dios del universo conoce la profundidad de nuestro dolor, cómo Él enjuga cada lágrima, cómo escucha cada sollozo y cómo ve nuestra angustia. Conoce los pesares del ayer y es consciente de nuestra soledad, de nuestras inseguridades y las preocupaciones que tenemos en el silencio de nuestras noches.

El viaje será sorprendente, pero emocionante a la misma vez. Cada curva de este camino te enseñará cuán grande es Él. Cuanto más cerca de Él te mantengas, podrás ver más fácilmente las cosas grandes y hermosas que Dios tiene preparadas para ti.

¿Estás listo? Entonces toma un pañuelo, seca esa última lágrima y comencemos este viaje juntos.

Esta es mi historia, pero el mensaje de la asombrosa y radiante gracia de Dios es tuyo. Leerás sobre traumas, traiciones, injusticias y dolores, pero también verás cómo el poder de Dios siempre está vivo y activo. Es un poder que sana, alivia y llena tu victoria de un gozo indescriptible. Victoria que te aseguro será dulcemente gloriosa.

CAPÍTULO UNO

REVOLUCIÓN

"No tengan miedo; quédense en su lugar y verán la victoria que Yavé les concede hoy... Yavé peleará por ustedes, y ustedes solamente mirarán."

Éxodo 14:13-14

El sol de la tarde brillaba en un cielo azul exento de nubes mientras mi hermano de seis años y yo jugábamos en nuestro patio trasero, subiendo y bajando los diferentes niveles de un jardín cubierto de maleza. Ed, quien era dos años menor que yo, siempre encontraba la forma de atormentar a su hermana mayor.

Con un gusano largo colgado entre sus dedos, Ed me perseguía.

—¡Está muerto, no te hará nada! —me gritaba.

En contraste a esta escena, se veía el majestuoso paisaje lleno de vida de La Paz, Bolivia, donde residía mi familia. Un valle en forma de cuenca abrazado por las montañas de los Andes en América del Sur. La Paz es la ciudad capital más alta del mundo, ubicada a casi doce mil pies sobre el nivel del mar.

Miles de pies más arriba, se encuentran los relucientes campos glaciares blancos del monte Illimani que pintan un panorama simplemente imponente. Un escenario glorioso para los cóndores que vuelan a esa altura, con alas que pueden extenderse hasta los diez pies. Estos maravillosos pájaros sobrevuelan territorios de poblaciones indígenas, donde las mujeres quechuas y aimaras pastorean rebaños de ovejas, llamas y alpacas.

En esta cuenca, habitada por dos millones de personas, las familias paceñas se distribuyen en el territorio acorde a su riqueza y posición social. En la parte más baja, donde habitan los más adinerados, un río alimenta verdes parques, los barrios son prósperos, de cómodas mansiones y edificios altos. Trepando por las laderas secas y empinadas de la cuenca, están las viviendas más modestas, hechas de adobe y paja. La humilde casa de estuco que mis padres, mi hermano y yo compartíamos con mis abuelos paternos estaba ubicada en la ladera de una montaña muy cerca de una base militar.

Una tarde en particular en el año 1960, cuando tenía ocho años y estaba haciendo lo posible por ignorar a mi hermano menor —ya que en ese entonces éramos grandes enemigos—, de repente se escuchó un sonido aterrador. Ed y yo nos quedamos tiesos en el lugar. El rugido de los aviones de combate que despegaban de la base militar cercana junto con el rat-tat-tat del fuego de las ametralladoras solo significaba una cosa: ¡otra revolución! Los cambios de gobierno bajo las armas se habían vuelto tan comunes en las últimas décadas que se bromeaba diciendo que la revolución era el deporte nacional de Bolivia y no el fútbol.

Superado el temor, Ed y yo corrimos hacia la parte trasera de la casa. Abuelita estaba parada en la puerta. Su cabello, pintado de blanco y recogido por un moño, dejaba al descubierto su lindo rostro marcado por los años. Llevaba un suéter que ella misma había tejido y un delantal blanco con bordes de encaje sobre su falda de lana negra. Agitaba sus manos llamándonos.

—¡Rápido, rápido, entren! —decía con urgencia.

La ruta de vuelo de los aviones de combate pasaba justo por encima de nuestra casa. Recuerdo que uno de ellos, en particular, se acercó tanto que las ventanas de nuestra improvisada casa se sacudieron como protestando por la intromisión.

Ed y yo corrimos hacia donde estaba Abuelita. Mi corazón dio un vuelco mientras la abrazaba fuerte con los brazos temblorosos y presionaba mi cara contra su falda, ella tomándonos de la mano, nos llevó a su habitación.

Más aviones de combate rugían sobre nuestras cabezas como leones furiosos listos para atraparnos. Ed y yo nos tapamos los oídos con las manos mientras los tres nos metíamos en un armario. Levanté la vista hacia Abuelita, un nudo se formó en mi garganta mientras trataba de contener las lágrimas, porque si las dejaba fluir, su preocupación por mí aumentaría.

—¿Cuándo terminará? —le pregunté.

—Todo se calmará pronto mi niña —susurró Abuelita, besando mi frente.

Luego nos abrazó con fuerza y comenzó a rezar oraciones en voz alta, pero el ruido intermitente del exterior las ahogaba. Entonces empecé a preocuparme por mi mamá: ¿cómo llegaría a casa sana y salva del trabajo? Las calles atestadas de violentos manifestantes detendrían todo el servicio de autobús. Eso significaba un ascenso de cuarenta y cinco minutos por los empinados caminos de tierra de la montaña, desde su trabajo en la biblioteca de la universidad hasta nuestra casa. Su viaje tomaría mucho más tiempo si se viera obligada a refugiarse en algún edificio cercano debido a los disturbios o los disparos.

Al menos mi padre debía estar a salvo, ya que días antes había viajado a otra ciudad por razones de trabajo. Asumimos que se enteraría de esta nueva revolución a través de las noticias en la radio. Pero no había forma de saberlo con seguridad hasta su regreso, ya que tener un teléfono o pensar en una llamada de larga distancia era un lujo que nuestra familia no se podía dar.

Los aviones de combate que volaban sobre la casa finalmente se detuvieron y pudimos salir del armario. Esperamos y esperamos. Más tarde esa noche, la vieja puerta principal se abrió con un fuerte sonido agudo, salimos corriendo con mi hermano para ver quién era. Sentimos un gran alivio al ver que era mi mamá. Al vernos con vida, dejó su bolso negro de lado, extendió sus brazos cansados y corrimos a su encuentro, Ed y yo sonriendo, para recibir su cálido e interminable abrazo.

—Todos estamos bien, ¡Gracias Señor! —dijo mamá con voz ahogada mientras nos cubría de besos. Unos días después, mi padre también llegó sano y salvo a casa.

Quien luego tomó el cargo de presidente en el palacio en el centro de La Paz, se instaló en el poder con el apoyo militar. La vida volvió a una relativa calma, pero sabíamos que era solo cuestión de tiempo hasta la próxima revolución. De hecho, la historia de mi familia y cómo llegamos a parar a nuestra pequeña casa de estuco en la ladera de una montaña, nació de una de esas revoluciones.

CAPÍTULO DOS

NUESTRA CASA ANDINA

"Si el Señor no construye la casa, en vano trabajan los albañiles."

Salmo 127:1

La familia de mi abuelo materno ocupaba una alta posición en la sociedad boliviana y, en sus años de juventud, él había sido un respetado diplomático del partido en el poder. Cuando ese régimen fue derrotado en una violenta revolución, mi abuelo y otros miembros del gobierno saliente se vieron obligados a exiliarse en Perú.

Allí fue donde mi abuelo conoció a mi abuela. Abuelita fue una de los trece hijos de una familia peruana adinerada. Su tono de piel clara y ojos color avellana revelaban sangre europea, y tal como la familia de mi abuelo en Bolivia, la familia de mi abuelita ocupaba una alta posición en la sociedad peruana. Su riqueza provenía de una gran cantidad de tierra que poseían en una zona tropical exuberante del Perú. Abuelita y sus hermanos tenían, cada uno, su propia niñera y disfrutaban de una vida en la que no les faltaba nada.

Todo eso cambió para Abuelita cuando se casó con mi abuelo. Una vez que se calmaron los disturbios, viajaron de regreso a Bolivia, donde mi abuelo se convirtió en autor y escribió libros sobre su experiencia como diplomático. Con valiente audacia, las páginas de sus libros detallaron la corrupción y las fallas del escenario político de Bolivia.

Como autor, abuelo siempre tuvo la pasión por ver las cosas por sí mismo. Mi mamá recuerda que su padre la llevaba a la plaza central cuando ella tenía solo cinco o seis años, para seguir el rastro sangriento de los políticos derrotados que habían sido colgados allí, así como a los insurgentes asesinados en la última revolución.

Pero el éxito literario de mi abuelo no duró mucho. El alcoholismo lo invadió y sus años productivos terminaron. A medida que su mente decayó bajo los efectos del abuso del alcohol, se convirtió en la oveja negra de la familia y perdió toda capacidad para ganar dinero, escribir o trabajar. A veces, sin ninguna provocación, se desahogaba con todo el mundo, incluidas sus dos hermanas a las que insultaba y trataba con dureza.

La venganza de las hermanas llegó después de la muerte de sus padres cuando se vendió la casa familiar. Las hermanas recibieron la mayor parte de la herencia, dejando a mi abuelo solo una pequeña porción. Desafortunadamente, este dinero no fue suficiente para comprar una casa en el hermoso valle central donde vivían los residentes más prósperos de La Paz. Mis abuelos se vieron obligados a comprar una casa de estuco en un vecindario de clase baja, en un lugar tan alto y alejado, que ni la calle llevaba nombre.

La casa fue construida originalmente por un funcionario gubernamental de alto rango con un presupuesto lo suficientemente grande como para contratar mucha ayuda para el hogar. La parte habitada por la familia tenía tres dormitorios, una sala de estar, un comedor, una biblioteca, una pequeña cocina y un baño. La sala de estar tenía un techo de vidrio, una característica maravillosa ya que los rayos del sol penetraban a través de los paneles durante los fríos inviernos de los Andes y calentaban la habitación.

La casa también contaba con un garaje y dormitorios para los empleados de la casa. A pesar de que los vecinos la consideraban una mansión, todas las habitaciones eran bastante pequeñas comparadas con las casas lujosas en las que se habían criado mis dos abuelos. Siendo tan pequeña y distante del centro de la ciudad, tenía una característica de la que Abuelita se enamoró: su hermoso jardín. Los lechos florales rebosaban con geranios rojos y rosados, pensamientos púrpuras, rosas amarillas y rojas. Arbustos de flores bien cuidados se alineaban en los caminos. Una fuente burbujeaba alegremente en el centro del nivel inferior del jardín.

Desafortunadamente, todo el dinero que poseían mis abuelos se había utilizado para comprar la casa. Como la mayoría de las naciones más pobres, Bolivia no tenía programas de seguridad social, pensión o asistencia pública y con el alcoholismo de mi abuelo, no habían mayores ingresos excepto los que se podían obtener alquilando partes de la propiedad.

El garaje fue alquilado a una pareja que colocó cortinas de tela para separar su cocina de su dormitorio. Los cuartos de servicio también se alquilaban a cualquiera que pudiera pagar el alquiler. En un tiempo, dos mujeres, que intentaron convencer a Abuelita para que se hiciera mormona, se instalaron en esos cuartos. Como el abuso de alcohol afectó el juicio de mi abuelo, Abuelita tuvo que administrar todos los asuntos financieros, difícil tarea considerando que ella no tenía experiencia en finanzas, presupuestos o bienes raíces antes de casarse con mi abuelo.

Su única hija, mi mamá, creció en esa casa. Destacada en los estudios con buenas calificaciones, terminó la escuela secundaria y se matriculó en la Universidad de La Paz. Cuando cumplió veinte años, conoció a un joven en una de sus clases, se enamoraron y un año después se casaron. Luego se mudaron a uno de los dormitorios de la casa de mis abuelos. Yo aparecí en escena en 1952, dos años después nació mi hermano Eduardo —al que llamábamos simplemente Ed—, y como era común en los hogares latinoamericanos más pobres, los cuatro compartíamos el mismo dormitorio.

Pilas de libros estaban entre los pocos tesoros que Abuelita había traído a Bolivia cuando se casó con mi abuelo. Entre ellos tenía algunos clásicos literarios de renombre mundial como Julio Verne y Mark Twain. Todos ellos estaban guardados en la biblioteca dentro de un armario con puertas de vidrio. En las tardes lluviosas, Abuelita a menudo nos invitaba a Ed y a mí a la biblioteca.

—¿Qué quieren que les lea hoy? —nos preguntaba.

Ed y yo usualmente elegíamos las Fábulas de Esopo. Muy encantados, esperábamos con ansias mientras Abuelita abría la librería con una llave grande. En su afán por darnos comodidad a pesar del ajustado presupuesto, Abuelita había cubierto un cofre de madera con una almohadilla de tela vieja y delgada. Ed y yo nos sentábamos a su lado en este improvisado "sofá" mientras nos leía en voz alta.

Mamá había heredado de Abuelita la pasión por la lectura y encontró trabajo como asistente de biblioteca en la Universidad de La Paz. Trabajar en automóviles era el pasatiempo favorito de papá, pero su mayor habilidad estaba en los números. Consiguió un trabajo como empleado de contabilidad para una empresa que producía discos de música de artistas locales y nacionales. Su salario combinado era suficiente para comprar alimentos y otras necesidades, así como para pagar la modesta matrícula para que Ed y yo asistiéramos a una escuela católica.

Mientras nuestros padres trabajaban, Abuelita preparaba la comida y nos cuidaba. Cada mañana, después de alimentar a los pajaritos, se encargaba de sus rosales, y a veces les echaba café molido a su alrededor. Si alguien de la familia se enfermaba, corría a cortar hojas de sus plantas medicinales, que remojaba para hacer un té, el cual decía que curaba todo.

Abuelita, católica devota, se reunía habitualmente con otras mujeres durante la semana para rezar el rosario. Los domingos por la mañana vestía siempre la falda de lana negra que reservaba para las ocasiones especiales. Cuando ella cogía su bolso y su pequeño libro de oraciones, Ed y yo sabíamos que era hora de ir a Misa.

—¿Dónde está tu velo? —me preguntaba Abuelita. Con los dedos, acomodaba el pequeño velo de encaje blanco sobre mi cabeza.

—Ya me lo puse —le respondía.

Camino a la iglesia Gruta de Lourdes, por la colina de tierra, nos tomaba de la mano y siempre llegábamos antes que comenzara la Misa. Esto nos daba tiempo para ir a confesarnos, ritual que detestaba. A menudo inventaba pecados porque suponía que el sacerdote sospecharía si el único pecado que confesaba era que había mentido. Una vez absueltos, después de recibir la penitencia recitando diez Avemarías o cuatro Padrenuestros, recibíamos la Sagrada Comunión.

El hecho de que el hermano menor de mi padre era un estudiante de seminario preparándose para ser sacerdote, nos tenía convencidos que éramos católicos extra especiales.

Aunque en esos días la lectura de la Biblia no era fomentada, ni siquiera por la Iglesia Católica, Abuelita desafió esas reglas y pasaba muchas tardes en su cama, con su gato blanco como compañía, leyendo las Sagradas Escrituras. Parte de su rutina era dar un silbido que alertaba a la familia para que se reuniera para orar. Siempre se arrodillaba en su cama frente a la ventana mientras el resto de nosotros nos arrodillábamos en el suelo.

Abuelita rezaba por todo: pedía por conseguir fondos para cubrir los gastos; pedía por la ayuda de Dios para soportar el temperamento violento de mi abuelo; pedía por la protección frente a las muchas revoluciones políticas de Bolivia; incluso pedía por sus dos perros a los que llamó Kid y Toy — muestra de su amor por el idioma inglés.

Alimentar a los hambrientos era su ministerio. Sin importar lo poco que tuviéramos como familia, Abuelita siempre guardaba las verduras que podía para preparar una gran olla de sopa. Ciertas tardes de cada semana, un grupo de personas visiblemente mal nutridas y vistiendo andrajos se reunía frente a nuestra puerta vieja y oxidada, cada uno sosteniendo un tazón de lata sucia y deformada.

Mientras Kid y Toy ladraban furiosamente, Abuelita cruzaba la puerta con la olla. La multitud hambrienta se sentaba en el suelo, esperando pacientemente su turno. Abuelita metía el cucharón en la olla y llenaba cada tazón. Aquellas desafortunadas almas no decían mucho, pero sus miradas gritaban un "gracias".

CAPÍTULO TRES

ROMPIENDO EL TECHO DE CRISTAL

*"Aprendan de los cuervos: no siembran ni cosechan,
no tienen bodegas ni graneros y, sin embargo, Dios los alimenta.
¡Y ustedes valen mucho más que las aves!"*

Lucas 12:24

Aunque mis padres trabajaban duro, sus salarios eran modestos y los gastos de la casa seguían creciendo. Los ingresos del alquiler del garaje y de las habitaciones para empleados apenas cubrían los impuestos de la propiedad y los servicios básicos. Aunque estos últimos no representaban un monto muy elevado ya que solo teníamos electricidad y agua solo hasta el mediodía de todos los días.

Sin dinero para el mantenimiento, todo en nuestra casa dejó de funcionar eventualmente, una a una. La pintura descascarada exponía cada vez más las paredes agrietadas. Cuando la plomería del excusado se rompía, llenábamos la bañera con agua y la recogíamos con un balde para hacerlo funcionar. Pero no podíamos quejarnos porque éramos de las pocas casas en esa área que contaban con plomería interior.

El exterior de la casa también mostraba un gradual deterioro. El propietario anterior había contratado a un jardinero a tiempo completo para cuidar las flores, el césped y los arbustos. Nosotros no podíamos darnos ese lujo. Las únicas partes que Abuelita lograba cuidar eran sus rosales y las plantas medicinales cuyas hojas usaba para hacer remedios caseros. Los arbustos ornamentales se convirtieron en ramas secas en medio de maleza y escombros. El agua de la fuente se estancó, convirtiéndose en un parque de diversiones perfecto para las ranas.

Y así, vivíamos los seis en aquella casa que fuera hermosa años atrás, en lo alto de una empinada ladera de la montaña. Sin fondos para el mantenimiento, tanto el interior como el exterior pedían a gritos cada vez más reparaciones a medida que pasaban los años. Las montañas de los Andes, que miraban desde arriba nuestra casa, eran testigos silenciosos de su lenta decadencia, pero la familia tomaba este hecho como parte de la vida.

Mamá miraba siempre las cosas del lado positivo. Si le preguntabas qué recordaba de La Paz, probablemente hubiera hablado de los hermosos picos nevados, o el azul profundo de su cielo sin nubes, o el resplandeciente brillo de las estrellas que atrae a astrónomos de todo el mundo. Debido a que La Paz se encuentra a una altitud muy considerable y su atmósfera es tan delgada, las estrellas parecen estar tan cerca que casi puedes tocarlas.

Bajo esa bóveda estelar que quita el aliento, estaba el paisaje que recuerdo. Las paredes de yeso, el techo de tejas y muchas habitaciones que tenía nuestra casa contrastaban con las diminutas chozas aledañas, hechas de barro con techos de paja. Todas ellas se dispersaban por la ladera de la montaña en medio de malezas, flores silvestres y rocas. Familias enteras, con sus escasas pertenencias, vivían apiñadas dentro de esos pequeños alojamientos.

A través de los años, más casas, una pequeña iglesia católica, algunos edificios de apartamentos, junto con la base militar, habían llenado todas las áreas planas disponibles de la ladera de la montaña que nos rodeaba. A la vuelta de la esquina de mi casa se había construido un edificio de apartamentos de color rosa brillante donde a menudo pasaba el tiempo jugando con dos amigas que vivían allí.

Frente a aquel edificio de apartamentos había un lote abandonado lleno de hierbas rebeldes y rocas. Una anciana con ropa sucia y andrajosa se había adueñado de una esquina donde dos paredes de barro se unían. Poco a poco, ella había construido una casa improvisada con cajas de cartón y periódicos. Fuera de ella, estaban amontonadas sus pocas pero preciadas pertenencias: ollas viejas y oxidadas y una colección de artículos desgastados que había recuperado del basurero local. Al verla, mientras se movía lentamente por su rústica vivienda, la desesperación y la tristeza eran tangibles, el epítome de la pobreza.

En la parte plana de este mismo lote estaba el patio de juegos del vecindario. Contaba con barras para colgarse como los monos, columpio y tobogán. Al bajar por el tobogán, teníamos que quedarnos en el medio para evitar los bordes afilados y oxidados. Las cuerdas que sostenían el columpio estaban tan gastadas que parecía como si un ratón hubiera trepado por ellas y las hubiera masticado. El asiento de madera estaba seco y cubierto de astillas. Se convirtieron en un cruel recordatorio de que deslizarse no era una buena idea. Pero a Ed y a mí nunca nos importó el estado de los juegos. Simplemente nos divertíamos.

Uno de los deportes favoritos para los niños que vivían en chozas primitivas en la ladera de la montaña, consistía en hacer hondas con una rama dividida en dos y pedazos de caucho desechado. A veces los pájaros eran sus víctimas. Otra de sus actividades era practicar el tiro al blanco, donde el blanco más irresistible era el techo de cristal de nuestra sala de estar, que estaba a la vista escalando hacia un punto más alto de la montaña. El vidrio finalmente quedó lleno de agujeros.

A medida que nuestra casa continuaba deteriorándose, el caos interior también aumentaba. Años antes, una de las hermanas de Abuelita había muerto en Perú, dejando huérfana a su hija Laura. Sin dudarlo, Abuelita llevó a Laura a La Paz a vivir con ellos. Ella y mamá eran adolescentes en ese entonces, y parecía una solución ideal ya que ninguna de las niñas tenía hermanos para acompañarlas.

Pero la llegada de Laura pronto reveló su lado oscuro. Cuando era muy pequeña, Laura había sido testigo de cómo metían a la fuerza a su madre en una jaula y la llevaban a un manicomio. La muerte de su madre se sumó a su trauma, dejándola emocional y mentalmente inestable. Sin asesoramiento ni medicamentos, se volvió esquizofrénica.

Durante nuestra infancia allí, Ed y yo escuchábamos los gritos de ayuda de Laura desde su habitación. Afirmaba que alguien estaba tratando de envenenarla. En otras ocasiones, se enfurecía contra mi mamá, insistía en que ella no era la hija biológica de mis abuelos y que no era parte de la familia. Estas acusaciones provocaron las oraciones desesperadas de Abuelita para que cesaran esas mentiras.

Ya no poníamos atención a las afirmaciones de Laura porque, después de todo, como mi abuela, mamá era de tez clara con ojos color avellana y rasgos europeos. Este hecho enfatizó que Laura tenía que estar trastornada por sugerir que mamá no era la hija de Abuelita.

Sorprendentemente, Laura mostró otra personalidad fuera de la casa con otras personas. Podía ser amable, dulce y sumamente inteligente. Un día llegó a casa y anunció que había encontrado trabajo. Abuelita abrió los ojos asombrada.

—¿Un trabajo? ¿Dónde? ¿Qué harás?

Laura sonrió ampliamente.

—Seré enfermera en el hospital de Miraflores —respondió.

Este era un hospital administrado por el gobierno que atendía a personas indigentes. Levantando la vista del libro que estaba leyendo, abuelo alzó sus cejas gruesas.

—¿Qué sabes tú de enfermería? Vas a matar a esa gente.

Tenía razón en aquello de que Laura no tenía formación ni conocimientos en el campo de la medicina. Pero las condiciones en ese hospital eran terribles, por lo tanto, era difícil encontrar profesionales médicos dispuestos a trabajar allí. La administración del hospital feliz, le ofreció un puesto incluso sin ningún entrenamiento.

Laura trabajó al principio en la sala de emergencias, luego se trasladó a otros pisos, atendiendo y administrando medicamentos a los pacientes. Todos amaban su dulce y generoso comportamiento. Pero su carrera pronto encontró un contratiempo. Un día llegó a casa y anunció que estaba embarazada.

Abuelita soltó un grito y lanzó las manos al aire.

—¿Cómo pudiste hacer tal cosa?

Abuelo dejó escapar unos improperios y exigió que el hombre responsable viniera y los enfrentara.

—Él no puede hacer eso —, protestó Laura. —Es un médico respetado en el hospital.

Mis abuelos insistieron. Unos días después, apareció el médico. Todos nos sentamos en nuestra pequeña sala de estar mientras mis abuelos le disparaban todo tipo de preguntas como un pelotón de fusilamiento. El doctor se retorcía incómodo, no solo por las miradas hostiles que la familia le lanzaba sino también porque estaba sentado sobre los resortes expuestos que sobresalían de nuestro destrozado sofá.

—Bueno, después de todo, ella es enfermera. Pensé que estaba protegida —dijo finalmente el médico con voz tímida.

Lo único que podía proteger a nuestra familia de la vergüenza era forzar una boda apresurada. Llamamos al párroco local, quien sin demora casó a Laura con el médico. La casa se llenó aún más, una vez que el médico se mudó. Pero eso no duró mucho. Apenas unas semanas después de la boda, el médico se fue a trabajar y nunca volvió. Yo tenía diez años cuando nació la hija de Laura y estaba absolutamente encantada de ayudar a cuidarla. Laura siguió trabajando en ese hospital hasta que se jubiló décadas después con una pensión del gobierno.

Una de las razones por las que yo estaba tan feliz de brindar mi afecto a este lindo bebé era porque recibí muy poco afecto de mi propio padre. Siempre fue severo, exigente y esperaba obediencia inmediata y total. Ahora entiendo, mirando hacia atrás, que él estaba bajo una gran presión, tratando de mantener al creciente número de personas que vivían bajo nuestro techo. Cada revolución traía consigo un nuevo gobierno, posiblemente más corrupto que el anterior. El cambio impactaba a todos. Un día, una pieza de pan costaba un peso. Al día siguiente, podría costar diez pesos.

Una tarde buscaba frenéticamente el único lápiz que tenía. Había que hacer la tarea y no tenía con qué escribir. Cuando papá llegó del trabajo, me miró con el ceño fruncido.

—¿Hiciste tu tarea?

Se me hizo un nudo en la garganta y con voz temblorosa, le contesté:

—P… perdí mi lápiz.

Me golpeó en la cabeza.

—¿Qué distraída eres? Vete y no vuelvas hasta que lo encuentres.

Con lágrimas en los ojos, salí corriendo a buscar el lápiz. Yo era muy niña para entender que mi padre también estaba buscando algo: una salida de Bolivia. Y con la misma urgencia, trataba de escapar de los disturbios en nuestra propia familia.

CAPÍTULO CUATRO

TODO ESTARÁ BIEN

*"Así que mi Dios les proveerá de todo lo que necesiten,
conforme a las gloriosas riquezas que tiene en Cristo Jesús".*

Filipenses 4:19

Mi hermano menor era a menudo el blanco de los arrebatos de nuestro Abuelo. Yo, en cambio, recibía una pizca de amor de parte de él. Ed y yo asistimos a escuelas católicas, la de él era solo para niños y la mía para niñas. Sin falta, abuelo me esperaba en la esquina donde se detenía mi autobús escolar. Madre Matilda era la monja encargada del autobús. Su trabajo consistía en asegurarse de que cada niña se bajara del autobús en la esquina correcta.

A veces, Abuelita cortaba rosas rojas de sus arbustos, envolvía los tallos en papel periódico y se los entregaba al abuelo.

—Aquí tienes estas flores, son para la Madre Matilda —le ordenaba.

Siguiendo las instrucciones de Abuelita, abuelo arrastraba los pies por varias calles de tierra para encontrarse conmigo. Cuando el autobús se acercaba a la esquina, me asomaba por la ventana. Allí estaba Abuelo vestido con el traje arrugado a rayas que se negaba a quitarse incluso por la noche cuando se acostaba. Las manchas en su corbata y camisa hacían juego. Sus zapatos viejos y desgastados habían perdido su forma y no usaba calcetines.

—Pérez, pasa al frente —gritaba la Madre Matilda con voz de sargento—, tu abuelo te está esperando.

Una vez que se abría la puerta del autobús, mi Abuelo se quitaba el sombrero gastado, lo presionaba contra su pecho y hacía una lenta pero definida reverencia de caballero, mientras le entregaba las rosas a la Madre Matilda. Su velo negro se batía mientras extendía su brazo para recibirlas, riéndose como una adolescente.

—¿Para mí?—le preguntaba.

Abuelo sonreía ampliamente, mostrando los pocos dientes que le quedaban.

—Belleza sólo para las bellezas—le decía.

Una de las impresionantes habilidades del Abuelo era, en cualquier momento dado, poder recitar poemas de famosos poetas españoles. Otra habilidad que poseía era la de ganar dinero a su manera. Comenzó vendiendo los libros que él mismo había escrito.

Una vez que los vendió todos, escogía otros artículos para vender. Cualquier cosa a su alcance, la tomaba y la metía dentro de su chaqueta y salía de la casa. Mientras caminaba por el vecindario, siempre encontraba a alguien quien se los comprara.

Esta era una constante frustración para mi padre, ya que las pocas herramientas que había reunido a lo largo de los años desaparecían una por una. Los pocos utensilios de cocina también desaparecieron. Papá, Abuelita y mi mamá protestaban, lo regañaban y lo amenazaban, con la esperanza de que dejara de hacer sus travesuras. Pero nunca lo hizo.

En cambio, a menudo sin provocación ninguna, gritaba blasfemias, se quitaba uno de sus zapatos viejos y lo arrojaba a través del cristal de una ventana. A medida que los vidrios se hacían añicos sobre el viejo piso de madera, mamá, mi hermano y yo escapábamos a nuestra habitación para protegernos. Los tres nos sentábamos en la cama, mamá nos abrazaba con todas sus fuerzas asegurándonos que todo estaría bien, el abuelo se calmaría pronto.

Eventualmente así era. Pero ninguno de nosotros podía predecir su próximo estallido, y vivíamos temiéndolo. La hostilidad en el hogar, el miedo al temperamento violento del Abuelo, los trabajos mal pagados y la economía inestable incitó a mis padres a considerar irse lejos de nuestro país. Todos en Bolivia, incluso mi familia, expresaban su admiración por las maravillas que se escuchaba de los Estados Unidos. Un país donde los sueños se hacían realidad. Donde se podía encontrar la prosperidad y la libertad. Estos atractivos atributos hicieron de los Estados Unidos una opción lógica para comenzar una nueva vida.

Pero primero, teníamos que cumplir con los estrictos requisitos impuestos por el Departamento de Inmigración de los EE.UU. para cualquiera que deseara ingresar por sus fronteras y establecer la residencia. Una noche, sentados en nuestra diminuta y oscura cocina, la tensión en mis padres podía cortarse con un cuchillo, mientras Ed y yo, en silencio, nos disponíamos a hacer desaparecer hasta el último grano de arroz en nuestros platos.

—Tenemos que hacerlo —le susurró papá a mi mamá—, tenemos que ir a los Estados Unidos.

Mamá asintió, pero su rostro tenía una expresión de preocupación.

—Tendremos que orar, y mucho, para reunir los dos mil dólares que piden.

El salario combinado de mis padres era de solo cien dólares al mes. Por lo tanto, llegar a esa suma significaba casi dos años de ingresos. Estos fondos depositados en un banco estadounidense tenían un propósito. Si la familia se encontrara desempleada una vez que estuvieran en los Estados Unidos, el dinero se usaría para boletos de avión para enviarlos de regreso a su país de origen.

Además de los dos mil dólares, mis padres tuvieron que presentar una larga lista de documentos en la embajada estadounidense. Entre ellos pedían detalles de antecedentes, referencias y cartas de garantía de testigos de buena reputación, tanto en los Estados Unidos como en Bolivia.

Ninguno de estos requisitos desanimó a mis padres. Hicieron fila por largas horas en la Embajada Americana para entregar papeles y recibir más formularios que debían llenarse. El salario de mis padres apenas cubría la matrícula escolar, los gastos de la casa y la comida, así que vendimos todos los muebles que pudimos para pagar las tarifas de la solicitud.

—Tengo que conseguir otro trabajo. Una empresa está importando harina y yo puedo conducir el camión para traerla —mi padre nos anunció un día.

Su trabajo diurno en una compañía discográfica y su trabajo nocturno transportando sacos de harina, le permitieron pagar las tarifas de procesamiento de inmigración. Cuatro años más tarde, justo antes de mi doceavo cumpleaños, entró a casa agitando papeles en el aire. Con una gran sonrisa, besó a mi mamá.

—¡Por fin las tenemos! ¡Aprobaron nuestras visas! —anunció.

—¡Gracias Señor! —mamá exclamó con lágrimas en los ojos.

Algunos ganan la lotería. Pero nosotros habíamos ganado algo más valioso: la entrada a los Estados Unidos. Nuestro desafío restante era recaudar los fondos suficientes para los pasajes de avión. Otro gasto aparentemente imposible de cumplir.

Pero, como siempre, mi padre tenía un plan. En compensación por un trabajo mecánico que había hecho, le dieron un jeep militar Willys del año 1949. No funcionaba y el interior se estaba cayendo a pedazos. Todos los sábados por la tarde, papá se deslizaba debajo de él y trabajaba en ese viejo jeep. Sus esfuerzos tuvieron éxito ya que con una manivela logró encender el motor. Luego encontró restos de paneles de madera para encerrar la carrocería. Este se convirtió en nuestro vehículo de lujo. Sin televisión o ninguna otra forma de entretenimiento en casa, los viajes al centro de La Paz eran un verdadero placer para Ed y para mí.

Un sábado por la tarde mi padre entró en la casa cabizbajo, se limpió las manos engrasadas con un trapo y se dejó caer en la silla, como derrotado.

—Vamos a vender el jeep, necesitamos el dinero —nos dijo triste.

Pero antes de venderlo, lo utilizó para un propósito diferente. Su plan estaba inspirado en un acontecimiento importante en la historia de Bolivia. Hace más de un siglo, en 1879, Bolivia perdió su única salida al mar a manos del vecino país, Chile, como resultado de una guerra entre ambos. Este hecho nunca pudo ser olvidado por los bolivianos. Desde pequeños, nuestros maestros nos enseñaban los detalles de esa terrible injusticia. Este resentimiento alimentó una mentalidad de víctima en la que los problemas económicos, sociales y políticos se atribuyeron con frecuencia a nuestra falta de acceso marítimo.

El deseo de recuperar la salida al mar ardía en el corazón del pueblo boliviano. Mi padre ideó una forma de monetizar esa intensa emoción. Negociando con la compañía discográfica donde trabajaba, escogió una de las muchas canciones con letra que clamaba el sueño boliviano de una salida al mar, y logró producir discos a un costo mínimo.

Seguidamente, conectó un altavoz y lo colocó en el techo de ese viejo jeep. Mientras la canción tocaba una y otra vez, conducía por las estrechas calles empedradas del centro de La Paz. Mamá se sentaba en el asiento del pasajero delantero con una pila de discos en su regazo. Ed y yo nos sentamos en la parte de atrás. Una gran rotura del asiento desgastado de vinilo formó una línea divisoria perfecta entre nosotros ya que peleábamos constantemente. Pegando nuestras mejillas contra nuestras respectivas ventanas, contemplábamos el escenario.

Fuera del jeep, estaba la actividad de los vendedores y peatones que llenaban las veredas de las calles. Las mujeres quechuas y aimaras vestían atuendos indígenas: faldas verdes, amarillas, rojas y marrones llamadas *polleras,* una encima de la otra, hasta que parecían una campana, las vestían con blusas blancas debajo de chales coloridos. Usaban sombreros estilo Derby que cubría la parte superior de sus trenzas negras. Se sentaban pacientemente detrás de montones de frutas y verduras, esperando su venta. Algunas con bebés que amamantaban a plena vista.

Los vendedores ambulantes llevaban grandes bandejas de madera sostenidas por largas correas alrededor de sus cuellos. Estas bandejas estaban llenas de pequeños artículos para la venta: cortaúñas, goma de mascar *Bazooka*, dulces, maníes, fósforos, pilas. Mientras nuestro jeep avanzaba lentamente por la calle, algunos peatones detenían sus transacciones para mirarnos con curiosidad. Otros se acercaban al jeep para preguntar detalles de la canción. Bajando la ventana, Mamá les ofrecía un disco de música para la venta. Pero al abrir la ventana, el olor de los gases de escape de los autobuses viejos se mezclaba con el hedor de las alcantarillas. Nosotros lo pasábamos por alto, ya que estábamos demasiado absortos en la actividad que contemplábamos afuera.

Los esfuerzos de mi padre dieron fruto. Sumado a lo que ya teníamos, las ventas generaron suficientes fondos para satisfacer los requisitos del Departamento de Inmigración de los Estados Unidos, más un boleto de avión. El plan era que mi padre viajara antes que nosotros a St. Louis, Missouri, buscara trabajo allí y ahorrara para comprar los pasajes para mamá, para mí y para Ed.

Pero sus planes de partida se enfrentaron con una inesperada oposición.

CAPÍTULO CINCO

NO INTENTES DETENERME

"Dirige los pasos de los humildes, y muestra a los sencillos el camino."

Salmo 25:9

En ocasiones especiales, mis padres, Ed y yo visitábamos a la hermana mayor de mi padre, tía Nelly, quien vivía con su esposo, tío Jaime, en un nuevo suburbio de clase alta de La Paz. A diferencia de nuestra familia, tenían la prosperidad financiera para mantener su casa y su jardín. Incluso sus muebles eran nuevos, lujosos y cómodos, muy distintos a los nuestros. Tenían un patio interior que estaba delineado por hermosas flores.

La casa se llenaba de alegría cuando todos los hermanos y hermanas se reunían allí con sus cónyuges e hijos. Mi padre y los tíos charlaban en el patio mientras mamá y las otras esposas hacían lo mismo en el interior. El bigote del tío Jaime bailaba sobre su labio con cada carcajada que soltaba. Las risas aumentaban con cada cóctel que se servían. Al frente del patio, el perro peludo de tío Jaime, llamado Whisky, ladraba cada vez que escuchaba el ruido del motor de un automóvil que pasaba por la calle.

"Sapo" era el juego favorito de mis tíos. Una mesa de madera colocada a unos seis pies de distancia tenía varios agujeros en su superficie, cada uno cubierto con una puerta de metal batiente. El objetivo era lanzar una moneda de metal pesada y lograr que entre en uno de los agujeros y así ganar puntos. En el centro de la mesa estaba sentada una rana de metal con la boca bien abierta. El objetivo principal era hacer que la moneda caiga en la boca de la rana.

Cada tío sostenía su coctel en una mano y con la otra se turnaban para lanzar esa moneda de metal. Cuanto más bebían, más lejos estaban sus lanzamientos de la boca de la rana, a menudo las monedas ni llegaban a la mesa, ¿puede que ya veían doble, cortesía del licor?

Una de esas visitas se llevó a cabo poco después de que mi padre había completado sus planes para viajar a los Estados Unidos. Uno de los hermanos de mi padre, tío Juan, le dio una palmada en la espalda a mi padre cuando terminaron su juego de Sapo.

—Oye, ¿no hablarás en serio cuando dices que te irás a los Estados Unidos, verdad? —le preguntó.

El ceño fruncido de mi padre reflejaba su resentimiento porque su hermano parecía dudar de su juicio. Puso su bebida sobre la mesa.

—Estamos decididos —respondió con un tono severo.

Tío Juan sacudió la cabeza.

—¿Qué demonios vas a hacer allí? Ni siquiera hablas inglés —le dijo.

Mis tíos se turnaban para hacerle recuerdo a mi padre de otras personas que conocían y quienes habían tratado de ganarse la vida en los Estados Unidos, pero habían fracasado y regresado a Bolivia. Mi padre no dijo nada al principio, luego les dio la misma mirada que me daba cuando desobedecía.

—Deja de hablar tonterías. Ya he tomado mi decisión. Además, nunca sabré si puedo lograrlo si no lo intento —decía mi padre.

Tía Nelly salió al patio con una bandeja de *salteñas* perfectamente doradas, una empanada horneada llena de caldo picante sabroso, verduras y carne que era un manjar boliviano favorito. Poniendo la bandeja en la mesa, se volvió hacia mi padre.

—Tienes que pensar en tu familia. ¿Cómo se adaptarán? Ninguno de ustedes habla inglés, y tus hijos no tendrán amigos ni tampoco parientes allí —le advirtió.

Con sus manos regordetas y sus uñas largas rojas como sangre, tía Nelly repartía platos y servilletas.

—Piensa en el error que estás cometiendo —le decía a papá.

Mi tía y mis tíos no sabían que sus comentarios, en lugar de disuadir a mi padre, simplemente alimentaron su determinación de brindar una forma de vida más prometedora para nuestra familia. En mayo de 1964, a pesar de todas las insistentes críticas de familiares y amigos sobre el futuro incierto y riesgoso que enfrentaría en un país extranjero, mi padre se fue de Bolivia a los Estados Unidos. Pronto recibimos una carta haciéndonos saber que había llegado sano y salvo a St. Louis.

Mientras tanto, la oposición en casa crecía. Una tarde, el resto de la familia nos reunimos en la mesa para tomar el té. Todos nos sentamos en nuestro sitio de costumbre. Mi abuelo, como siempre, se sentaba en su silla habitual junto a una ventana que había roto varios meses atrás. Esta apertura se había convertido en la entrada favorita de un enjambre de moscas que venían de un basurero cercano. Ese día, mi abuelo estaba más tranquilo de lo normal. Mientras el resto de nosotros ahuyentábamos furiosamente las moscas, él mojaba temblorosamente el pan en su taza de té, pasando por alto a los insectos como si fueran sus amiguitos negros.

Abuelita se sentaba frente al abuelo, untando pan con mermelada de naranja hecha en casa para Ed y para mí, sentados a su lado, lo recibíamos con agrado. Mamá estaba en el otro extremo de la mesa. Cuando terminamos nuestro té, se volvió hacia Abuelita, con tono suave y tierno.

—Hemos tomado nuestra decisión final. Todos nos iremos pronto para reunirnos con mi esposo en los Estados Unidos.

Abuelita detuvo su taza de té a medio camino hacia sus labios, con los ojos muy abiertos por la consternación.

—¿Qué dijiste? ¿No querrás decir que se irán permanentemente, no?

Mamá dio un largo suspiro y asintió.

—Tenemos que hacerlo por el futuro de nuestra familia, y ahora es el momento propicio.

Abuelita dejó caer ruidosamente su taza sobre el platillo. Las lágrimas brotaron de sus ojos color avellana y la miró suplicante.

—No me dejes. No puedes… —le dijo con voz lastimera.

Yo también quería suplicarle a mamá que no podíamos dejar a mi dulce Abuelita con nuestro torpe abuelo. Simplemente no podíamos hacerle eso. Pero guardé esos argumentos para mí. Abuelo siguió masticando su pan empapado en té sin decir una palabra. Tal vez no escuchó el anuncio de mamá, o no le importaba. Quizás ambas cosas.

Desde ese día, Abuelita trataba de razonar con mamá para que se quedara en Bolivia. Se podía leer la angustia en los rostros de ambas. Mientras tanto, mi padre enviaba cartas cada semana detallando las maravillas del nuevo país donde vivía. Sin falta, cada carta también daba instrucciones sobre el próximo paso en nuestros preparativos para reunirnos. Sospecho que también detallaba las luchas que enfrentaba, comenzando con su incapacidad para hablar inglés, la cultura drásticamente diferente y su intensa soledad. Pero mamá decidió no contarnos esos detalles.

Mis padres eligieron St. Louis no solo como destino para lograr el sueño americano, sino también para hacer realidad el sueño de mamá. De niña se había quedado cautivada por los libros del famoso autor de Missouri, Mark Twain. Las aventuras de Tom Sawyer y Huckleberry Finn a lo largo del río Mississippi despertaron en ella el sueño de visitar algún día los lugares sobre los que había leído. Lo que mis padres no esperaban era lo difíciles que serían los inviernos de St. Louis, lo que solo aumentaba la soledad de mi padre.

Pero como era su carácter, mi padre superó cada obstáculo con determinación y perseverancia. A los pocos días de llegar a St. Louis, conoció a otro boliviano que trabajaba para un hotel descargando camiones. Como no se requería inglés para esta tarea, se arremangó su camisa y comenzó a trabajar tantas horas como le permitían.

En solo siete cortos meses, logró alcanzar todas las metas que se había propuesto para que pudiéramos unirnos a él. Alquiló un apartamento, compró un Volkswagen verde brillante de segunda mano y compró algunos muebles en *Goodwill*. En sus cartas, escribía sobre cada nueva meta que había logrado. Una vez que ahorró lo suficiente, envió los fondos para comprar pasajes para mamá, Ed y para mí.

Finalmente teníamos todo lo necesario para salir de Bolivia, ¿pero Abuelita nos dejaría ir?

CAPÍTULO SEIS

ADIÓS, BOLIVIA

"Hazme sentir tu amor desde la mañana, pues en ti yo confío; haz que sepa el camino que he de seguir, pues levanto a ti mi alma."

Salmo 143:8

Por fin, llegó el día tan esperado para que mamá, Ed y yo subiéramos a un avión que nos llevaría a reunirnos con papá. Cuando nos dirigimos al aeropuerto de La Paz el 11 de diciembre de 1964, debí haberme sentido emocionada. En cambio, la tristeza llenó mi corazón.

Metí una copia de mi revista de historietas favorita en mi bolso de mano, el único artículo no esencial que mamá me permitió empacar. Dado que nuestras maletas tenían que cumplir con el límite de peso, debíamos empacar solamente ropa y otros artículos necesarios, junto con algunos recuerdos preciados.

Abuelita, sus dos perros, mi hermano Ed y yo seguimos a mi mamá mientras sacaba las maletas de la casa. Un taxi destartalado esperaba junto a la reja oxidada. El conductor metió nuestras maletas en el maletero y lo cerró de un golpe. Abuelita me estrechó con un brazo y a Ed con el otro, su apretón era tan fuerte que parecía no querer soltarnos. Yo tampoco quería dejarla.

Mamá se secó las lágrimas mientras se despedía de su madre con un abrazo.

—Me aseguraré de escribirte. Estaremos bien, y tú también —le dijo con voz temblorosa.

Pero abuelita no estaba convencida, agarró las manos de mamá, rogándole.

—Por favor, por favor no cometas este error. No te vayas. No me dejes.

Subimos al taxi. Incluso después de que se cerraron las puertas y el conductor encendió el motor, Abuelita se aferró a la manija de la puerta.

—No sé qué haré sin ti —le insistía.

—No quiero ir —Ed comenzó a llorar.

Al ver a mi abuelita tan triste mi pecho me dolía y me temblaban las manos. Deseaba poder consolarla como ella me había consolado a mí cuando estaba asustada o triste. Cuanto más nos alejábamos de la casa, más fuerte lloraba Ed.

—¡No quiero dejar a mi Abuelita! —repetía una y otra vez.

Yo tampoco pude contener más las lágrimas. Me di la vuelta para mirar hacia atrás a través de la ventana. Abuelita se secaba los ojos con su pañuelo bordado. Luego volteamos una esquina y ya no la podía ver. Empecé a echar de menos su dulce disposición y su tierno amor. Me acordé cómo ella se arrodillada con su Rosario en la mano, rezaba por nosotros.

Con cada nuevo giro del taxi, aparecían escenas típicas de nuestro barrio. La señora Sanjinés estaba frente a su casa con su escoba en la mano. El sol hacía brillar una variedad de colores en su cabello teñido: rojo, marrón oscuro, marrón claro, como si todavía estuviera en el proceso de prueba tratando de decidirse. Excepto por su pañuelo blanco arrugado que sobresalía por la manga de su suéter, vestía todo de negro, incluso los zapatos y las medias gruesas, en señal de luto por su esposo, aunque había fallecido hacía muchos años. Ella y otras mujeres del vecindario paradas frente a sus casas, conversaban entre sí y formaban parte del escenario familiar.

También estaban las mujeres indígenas vestidas con harapos sentadas en las esquinas de las calles. Tenían algunos escasos artículos de venta: fruta, dulces y hogazas de pan sin envolver esparcidas sobre cajas de cartón. Llegué a saber todos sus nombres y hasta algunos detalles de sus tristes historias.

Sentada entre mi hermano y yo en el asiento trasero del taxi, mamá abrazaba a Ed, tratando de calmar su llanto con una voz tierna.

—Ya verás, cuando lleguemos a los Estados Unidos, todo será hermoso.

Pero las lágrimas de mamá también corrían por sus mejillas, y no importaba la frecuencia con la que se las secara, salían más. Quería consolarla, pero yo también estaba sufriendo. Sabía muy bien que este viaje no era una vacación. Era una despedida definitiva de todo lo que era familiar. Me preguntaba si de verdad era tan mala la vida en Bolivia como para irnos. No podía entender por qué esto tenía que ser tan doloroso.

Cuando volteamos otra esquina, dejando atrás nuestro vecindario, estiré el cuello, tratando de guardar cada detalle de las calles, edificios y otras escenas familiares en mi memoria. Tal vez muchos no lo considerarían muy bonito, pero era todo lo que conocía. Era mi hogar, y me sentía segura. Incluso a los doce años, reconocí que estábamos dejando Bolivia para siempre, y tuve el triste presentimiento de que nunca volvería a ver nada de esto.

Mientras el taxi circulaba cerca del parque donde jugamos miles de veces, podía ver el tobogán oxidado, las barras trepadoras y el columpio de madera seca. Me di cuenta que el viento movía el columpio de un lado a otro como si me estuviera diciendo adiós. Todo lo demás estaba quieto. Quizás el vecindario también estaba triste por vernos partir. Observé el columpio hasta que desapareció de mi vista, diciendo un adiós en silencio, luego coloqué esa escena también, en los archivos de mi memoria.

El taxi nos condujo a través de las concurridas y empinadas calles de La Paz. A lo largo de curvas cerradas que subían en zigzag por la ladera de la montaña, subimos hasta la meseta donde estaba ubicado el aeropuerto. Revisamos nuestras maletas y pasamos seguridad. Cuando abordamos un pequeño DC—4 para nuestro primer vuelo a Lima, donde tomaríamos un avión más grande que nos llevaría a Miami, la tristeza comenzó a mezclarse con emoción. Nunca antes había estado en un avión, y todo lo que veía a mi alrededor era nuevo y sorprendente.

Pero viajar en avión en esos días no era fácil, las cabinas no estaban presurizadas como lo están ahora. El resultado era que un gran porcentaje de pasajeros sufrían náuseas y vértigo. Tal vez yo estaba lo suficientemente distraída observando todos los detalles de mi primer vuelo, el interior del avión y por la ventanilla veía el paisaje muy por debajo de nosotros. Pero para mi mamá y mi hermano, el viaje alteró sus estómagos, y hacían uso frecuente de las bolsas de papel provistas para ese propósito en los bolsillos de los asientos frente a ellos.

Aunque había disfrutado del viaje en avión, no estaba preparada para lo que nos esperaba en Miami. Ninguno de nosotros había dormido mucho en el largo vuelo. Por fin, mi cuerpo se sacudió cuando las llantas del avión golpearon la pista, y mi corazón se aceleró un poco. Luego, los poderosos frenos del avión chirriaron, haciendo que el avión se detuviera.

La cara de Ed todavía estaba pálida por el mareo, pero con esfuerzos, levantó su maleta. Arrastré la mía también, y ambos seguimos a mamá para salir del avión hacia el aeropuerto de Miami. Miré a mi alrededor con asombro. A diferencia del pequeño aeropuerto de La Paz, esta terminal era tan enorme que me sentía como una hormiga. Nunca había visto un edificio tan limpio ni con tantos ventanales y techos tan altos. Hombres con camisas blancas y pantalones negros con insignias señalaban a los pasajeros que desembarcaban dónde debían ir a continuación.

De camino al mostrador de aduanas, esperamos nuestro turno en una larga fila. Detrás del mostrador estaba el agente de aduanas. Comparado con la mayoría de los hombres bolivianos, que eran bastante bajos, el agente se inclinaba sobre nosotros como un gigante. Su cabello rubio y ojos azules me parecían una estatua pintada en lugar de una persona real. Tenía una mirada severa mientras rebuscaba cada maleta.

Cuando llegó nuestro turno, el agente abrió la cremallera de la maleta de mamá, sacó algunos artículos, luego metió la mano en el fondo y sacó una bolsa de plástico llena de *chuño* —papas enteras secadas al sol—, que eran una parte tradicional de la cocina andina. Remojadas en agua hasta que estén blandas, peladas y cocinadas con cebollas y ajo salteados, eran un manjar favorito de mi padre. Por supuesto, chuño no estaba disponible en St. Louis. Por lo tanto, mi mamá estaba ansiosa por traerle esta delicia.

El agente levantó la bolsa en el aire y le dio la vuelta lentamente. Supimos por su expresión desconcertada que no tenía idea de qué eran estos bultos de color blanco grisáceo. Con sus dedos, grandes y blancos, trató de apretar el contenido. Luego se detuvo, frunció el ceño, y nos miró con severidad. Recitando unas pocas palabras en inglés que ninguno de nosotros entendió, arrojó la bolsa en el bote de basura a su lado. Los ojos de mamá se abrieron de par en par con consternación.

—No señor, son para mi esposo.

Mientras decía eso, sacaba la bolsa de chuño del basurero y la metió de nuevo en su maleta. La voz del agente se puso más severa cuando la agarró, la tiró a la basura y procedió a cerrar la cremallera de la maleta. Era inútil tratar de discutir. Tuvimos que despedirnos del chuño que mamá había traído con tanta ilusión para papá. Así fue como empezamos a aprender las reglas de este nuevo y extraño país.

CAPÍTULO SIETE

EXTRAÑAMENTE MARAVILLOSO

"En su presencia explayo mi lamento y ante él relato mi aflicción cuando en mí desfallece mi espíritu, pero tú, ¿no conoces mi sendero?..."

Salmo 142:3-4

Jalando nuestras maletas, los tres recorrimos largos pasillos hacia la puerta donde abordaríamos nuestro último vuelo a St. Louis. Mamá se esforzaba para leer las señales que indicaban la dirección correcta, mientras tanto, yo estaba ocupada admirando los azulejos brillantes y las alfombras coloridas. Había restaurantes y tiendas que exhibían joyas brillantes, ropa, carteras, libros y otros artículos detrás de enormes ventanas de vidrio. Todo parecía ser una pequeña ciudad en vez de un aeropuerto.

De pronto, nos enfrentamos con algo curioso. Mamá se detuvo en lo alto de una escalera de metal, a diferencia de las escaleras en Bolivia, esta tenía peldaños acanalados que extrañamente se movían hacia abajo sin parar. En ambos lados había pasamanos negros que también se movían hacia abajo. La gente pasaba por nuestro lado, se subía al último peldaño y luego bajaban por las escaleras móviles hasta el siguiente piso. Era, por supuesto, una escalera mecánica que nunca había visto antes.

—No tenemos que hacer eso, ¿verdad? —pregunté con mi corazón latiendo fuerte.

Ed no sentía ningún miedo y me apartó de un codazo.

—Yo quiero ir primero —nos dijo y se subió al primer escalón e inmediatamente se deslizó hacia abajo.

Mamá tomó mi mano y la colocó en uno de los pasamanos móviles.

—Agárrate de aquí y da un paso adelante —me instruyó.

Retiré mi mano con rapidez.

—No, tengo miedo —le dije.

Mamá volvió a tomar mi mano y la colocó en el pasamanos nuevamente.

—No hay porque tener miedo —me aseguró—, solo agárrate fuerte y pon un pie sobre el primer escalón.

Mi corazón latía más fuerte mientras acomodaba mis pies. Sostuve el pasamanos con fuerza con una mano mientras arrastraba mi maleta con la otra. Casi pierdo el equilibrio, pero me las arreglé para mantenerme firme. Una vez que la escalera mecánica llegó al nivel inferior, tuve otro susto tratando de bajarme antes de que los escalones en movimiento pudieran arrastrarme hacia el surco donde desaparecían.

Continuamos nuestro recorrido por otro pasillo donde nos encontramos con otra experiencia que parecía ser fuera de este mundo. Estábamos a unos metros de unas grandes puertas de vidrio cuando mágicamente, se deslizaron y se abrieron solas. Estaba como hipnotizada mientras las cruzamos, me preguntaba qué tipo de personas invisibles las habían abierto. ¡Estados Unidos era otro planeta para mí!

Llegamos al lugar donde abordamos otro avión rumbo a St. Louis, este fue un vuelo mucho más corto. Cuando comenzamos a descender, mamá se concentró en retocarse el maquillaje y pintarse los labios, ya que se encontraría con papá por primera vez después de siete meses.

Como nuestro viaje fue mucho antes del 11 de septiembre de 2001, y era permitido todavía esperar a los pasajeros que llegaban en la puerta de embarque, a nuestra salida del avión había bastante gente esperando y entre ellos estaba papá saludándonos con una gran sonrisa. Nos abrazamos largo y fuerte, recogimos nuestro equipaje y salimos por las puertas que se movían mágicamente por sí solas.

El frío en St. Louis me hizo tiritar, era mucho más intenso que el de La Paz. Ed y yo seguimos a papá y mamá por el estacionamiento, cuando de pronto, papá se detuvo en medio de largas filas de autos estacionados.

—¿Quién adivina cuál de todos estos autos es el nuestro? —nos preguntó con otra gran sonrisa.

Ed y yo miramos alrededor y de inmediato vimos un Volkswagen de color verde brillante. Ed fue el primero en recordar que Papá había mencionado en una de sus cartas, que compró un Volkswagen de ese color. Examinamos el auto con asombro mientras papá cargaba nuestro equipaje. Estaba impecable, sin rayones ni abolladuras, los asientos interiores no estaban rotos ni desgastados como nuestro jeep en La Paz. Ed y yo nos sentamos en el asiento trasero, con los ojos pegados a las ventanas mientras admirábamos nuestro nuevo y muy diferente entorno.

Lo más extraño eran las calles, completamente diferentes a las ruidosas y congestionadas calles de La Paz, todas estaban pavimentadas y limpias, sin basura. Los autos permanecían en orden dentro de los carriles marcados y se mantenían en fila, se detenían en los semáforos en rojo, incluso cuando no había tráfico que cruzaba. Nos llamó la atención la falta total de peatones, era como si estuviéramos conduciendo por un pueblo fantasma.

—¿Dónde está la gente? —pregunté con asombro.

Papá dio una carcajada.

—Es invierno, casi nadie camina porque hace mucho frío, aquí todo el mundo tiene auto —me contestó.

"¿Todo el mundo?", pensé, "¡Qué país más rico!"

Luego de algún tiempo Ed dejó de mirar hacia afuera para agarrarse el estómago, que seguía afectado por el viaje.

—Pronto estaremos en casa —lo tranquilizó papá.

Mientras tanto mamá seguía volteando la cabeza de un lado a otro, tratando de asimilar cada detalle.

—Es todo tan hermoso, este es un país bendecido —comentaba.

Papá estuvo de acuerdo a la vez que señalaba hacia adelante.

—¿Ven esos vehículos policiales al costado de la calle? Están deteniendo autos para asegurarse de que tengan su registro —nos comentó.

Disminuyó la velocidad y se detuvo cuando un oficial uniformado así se le pidió. Papá bajó la ventanilla y el oficial se inclinó y le habló en inglés. Papá le entregó su licencia de conducir, el policía volvió a su vehículo. Momentos después, regresó y le devolvió su licencia junto a una hoja de papel.

—¡Thank you! —dijo papá.

—¡Thank you! —repitió mamá. Era una de las pocas frases en inglés que ambos sabían.

Mamá miró hacia el asiento trasero y se dio cuenta de que mi hermano seguía mal del estómago.

—Sigue indispuesto —le dijo a papá— tenemos que darnos prisa antes de que vomite en el coche.

—Lo sé, lo sé, pero voy tan rápido como puedo —respondió papá pisando el acelerador.

Papá pasó varios autos a nuestra derecha. Finalmente llegamos al barrio donde papá había alquilado un apartamento en el tercer piso el cual, comparado con nuestra casa en La Paz, donde los cuatro compartíamos una sola habitación, parecía enorme. Todo lucía nuevo y limpio, y no había ventanas rotas. Los pocos muebles parecían nuevos y lujosos, a pesar de que Papá los había comprado en una tienda de cosas usadas.

Un coche nuevo. Un hermoso apartamento. Los Estados Unidos era realmente un sueño hecho realidad.

Papá nos presentó a otra familia boliviana que vivía al lado nuestro en el mismo piso. Ya habían estado en los Estados Unidos por varios años y se convirtieron en nuestros maestros para aprender el estilo de vida estadounidense. Mamá aprendió cómo colocar monedas en la lavadora de la lavandería como también la manera en que se ponía el jabón. La estufa y el aire acondicionado de ventana también eran novedades.

Para Ed y para mí, lo más asombroso en nuestro nuevo hogar era el televisor. Al girar un botón aparecía una imagen en movimiento, era como tener un pequeño teatro propio en casa. Aunque no entendíamos nada de lo que se decía, nos sentamos fascinados e hipnotizados por esta maravillosa atracción.

Unos días después, mis padres se sentaron a la mesa de la cocina para tomar café con nuestros vecinos, y papá les comentó algunos detalles de nuestra llegada, incluido el admirable control policial de los registros de vehículos.

—¿Control? —el vecino frunció el ceño y le preguntó a papá— ¿El oficial de policía te detuvo y te dio un papel?

Como respuesta, papá se levantó y sacó el papel de un cajón de la cocina para mostrarle. El vecino había aprendido suficiente inglés para poder leer lo que decía el papel. Sacudió la cabeza con simpatía.

—La policía no estaba revisando nada, lo que tienes aquí es una multa por exceso de velocidad —le dijo.

Desde ese día, aprender a golpes se convirtió en la norma durante nuestra adaptación a una nueva cultura, a un nuevo país. Lo que no sabía es que no estaba preparada para el próximo paso que me esperaba.

CAPÍTULO OCHO

NO MÁS LENGUA DE VACA

"No hagan como ellos, pues antes de que ustedes pidan,
su Padre ya sabe lo que necesitan."

Mateo 6:8

Mi habitación en ese apartamento se sentía fría, vacía y extraña. En Bolivia, solo las familias con mucho dinero disfrutaban del lujo de tener sus propios dormitorios. Desde que nací hasta que llegué a los Estados Unidos a los doce años, dormía en la misma habitación que mis padres y mi hermano. Pero en este nuevo país donde todo era tan diferente de Bolivia, tanto como era el chuño de las papas fritas, yo tenía mi propia habitación. Así como Ed y mis padres tenían la suya.

Claro era que aquí todo se veía más grande, más cómodo y más emocionante. Pero no me gustaba esta nueva forma de dormir, separada de mi familia. Habían muchas otras diferencias extrañas a las que tuvimos que acostumbrarnos. Ed y yo aprendimos cómo se pone kétchup a las papas fritas. Una combinación rara pero bastante rica. También aprendimos a comer hamburguesas en lugar de lengua de vaca. Una vez que Ed y yo empezamos a asistir a la escuela, tuvimos que adaptarnos a almorzar allí en lugar de volver a casa para la comida del mediodía.

Mamá se concentraba en sus propias experiencias en esta nueva cultura. Una de ellas era ir de compras. Lo que la fascinaba era la abundancia y variedad de productos en los estantes de las tiendas de comestibles. Pero aún más fascinante era hacer sus compras en un mercado bajo techo. No solo estaban hermosamente expuestos, además ella tenía la libertad de poder tocar lo que quería comprar y examinarlo a gusto. No más mercados al aire libre con vendedoras malhumoradas sentadas detrás de sus montones de productos y regañando a sus clientes si tocaban los tomates o la fruta sin comprarlas.

Como una niña en una tienda de golosinas, mamá se paseaba por los pasillos de la tienda de comestibles. Debido a su capacidad limitada para leer las etiquetas en inglés, ir de compras era un proceso que requería mucho tiempo. Una vez que traía las compras a casa, algunos artículos que sacaba de las bolsas de papel eran un misterio para nosotros. Algunos de ellos nos deleitaban como las tartas de manzana Hostess. Como no había refrigerador disponible en La Paz, la leche siempre estaba a temperatura ambiente, por lo que acostumbrarse a beber leche fría requería esfuerzo.

Pero lo que requería aún más esfuerzo era acostumbrarme a mi nueva escuela. El catolicismo era la afiliación religiosa más grande en St. Louis con iglesias y escuelas católicas en prácticamente cada vecindario. Ed y yo habíamos asistido a escuelas católicas en La Paz. Por lo tanto, papá se apresuró para inscribirnos en la escuela parroquial que correspondía a nuestro barrio, St. Rich Catholic School.

Una mañana, poco después de nuestra llegada, Ed y yo disfrutábamos de otra novedad de la vida estadounidense, un delicioso cereal con el nombre de Captain Crunch. Mientras masticábamos los últimos bocados y prácticamente lamíamos el tazón, papá dio un anuncio.

—Escuchen bien los dos, todos necesitamos aprender inglés lo antes posible. La forma más rápida de hacerlo es yendo a la escuela. Ya los registré a ambos y comenzarán este lunes.

—¿Lunes? ¿Tan pronto? —pregunté con sorpresa.

Padre frunció el ceño con severidad.

—No discutas conmigo. Cuanto antes empieces a aprender inglés, mejor —me dijo.

Ed y yo sabíamos que no debíamos protestar en lo mínimo lo que papá recomendaba. Ese lunes por la mañana, los cuatro nos abrigamos para afrontar la fría mañana de diciembre y nos subimos al Volkswagen. La escuela católica St. Rich estaba a solo unos minutos yendo en auto. Al llegar, atravesamos las puertas delanteras y papá se dirigió a Ed y a mí y nos dio las últimas instrucciones.

—Hagan todo lo que les digan, ¿escucharon? —nos dijo con voz firme.

Asentimos. Desobedecer a papá en cualquier forma era algo que Ed y yo no haríamos ni en sueños. Él y mamá nos acompañaron a la oficina de la directora de la escuela. La monja se llamaba Hermana Katherine. El hábito negro y el velo que lucía era un contraste drástico con su rostro pálido, muy diferente a la tez morena de las monjas bolivianas. Su nariz era larga y puntiaguda. Pensé irreverentemente que tal vez Pinocho era su pariente cercano.

En St. Louis, una ciudad del medio oeste, los inmigrantes latinoamericanos o incluso los hispanos nativos eran muy pocos. En 1964 no había programas de ESL (inglés como segundo idioma) para ayudarnos, ni tampoco había intérpretes para venir a nuestro rescate. Como la hermana Katherine no hablaba español, mi padre tuvo que hacer las presentaciones con su limitado inglés. Una vez que mis padres se fueron, hermana Katherine nos hizo señas con su dedo largo y huesudo y comenzó a hablar. Cuando no obtuvo respuesta de nuestra parte, se dio cuenta de que no hablábamos inglés.

Haciéndonos señas para que la siguiéramos, nos llevó en completo silencio a través de los pasillos de la escuela. Eventualmente se detuvo frente a la puerta de un salón de clases. Tocó, luego abrió la puerta y me indicó que entrara. La maestra, una versión más pequeña de la hermana Katherine, señaló un escritorio vacío en la parte de atrás.

Yo había asistido a escuelas católicas en Bolivia, por lo que las monjas me eran familiares. Pero lo que era dolorosamente desconocido eran las docenas de ojos que me miraban mientras caminaba entre las filas de escritorios para tomar asiento. La triste realidad se apoderó de mí cuando me di cuenta de lo diferente que era yo a mis nuevos compañeros de clase. Todos los demás alumnos de sexto grado estaban vestidos con sus uniformes escolares, mientras yo vestía la falda y el suéter que traje de Bolivia. Sus escritorios tenían libros, lápices y cuadernos. Yo no tenía nada en el mío.

Sentí un gran alivio cuando la monja les llamó la atención y dijo algo que hizo que los otros estudiantes miraran al frente. Pero cuando llegó el recreo, un grupo de chicas rodeó mi escritorio. Señalándome, susurraron y se rieron. La chica más alta del círculo tenía rizos rubios que se sacudían cuando se reía. Mordí el interior de mi labio para contener las lágrimas, haciendo todo lo posible para pasar por alto sus burlas.

Meses después, me enteré de que mis orejas perforadas y mis pequeños aretes de oro fueron los que provocaron tal reacción. En América Latina, perforar las orejas de una niña era tan común como darle té de hierbas en el biberón. Pero en 1964, las niñas con orejas perforadas era algo muy extraño en los Estados Unidos.

Cuando regresé a nuestro apartamento, mamá me abrazó.

—¿Cómo estuvo tu primer día? —me preguntó con ternura.

Al escuchar su dulce voz, estallé en un torrente de sollozos.

—¡No me obligues a volver, mamá! —le supliqué apenas recuperé el aliento.

Su fuerte abrazo y sus tiernas palabras de consuelo fueron todo lo que necesitaba para consolarme. Me quedé en sus brazos por un momento, luego me sequé las lágrimas.

—No se lo digas a papá, se enfadará conmigo —le supliqué.

Al día siguiente, Ed y yo caminamos a la escuela solos. Seguíamos las casas y los patios por los que habíamos pasado el día anterior como puntos de referencia. Me sentí más cómoda una vez que recibí el uniforme escolar y los libros de la escuela. Pero ese consuelo no duró mucho, unos días después, traje una nota a casa. Mamá, siempre diligente en seguir instrucciones, leyó la nota con la ayuda de un diccionario.

—Dice que necesitamos comprarte pantalones cortos para la clase de gimnasia —me explicó.

En Bolivia, nadie usaba pantalones cortos, por lo que tuvimos que preguntar a nuestros vecinos bolivianos dónde podríamos conseguirlos. Mamá y yo nos dirigimos a la tienda Sears para comprarlos. Al ver pantalones cortos entre los estantes de ropa, compramos un par. Al día siguiente, me los puse debajo de la falda del uniforme.

Ya en la clase de gimnasia, todas las chicas se quitaron las faldas. Pero cuando me quité la mía, una estruendosa risa colectiva resonó por todo el gran gimnasio. En lugar de los pantalones cortos de gimnasia azul marino que llevaban puesto todas las otras chicas, yo lucía bombachos de rayas azules y verdes.

Con rapidez, me puse la falda de nuevo, y corrí al baño. Quería esconderme allí para siempre, pero la profesora de gimnasia vino detrás de mí y me llevó a la oficina. Su sonrisa me dijo que simpatizaba con mi humillación. Cuando me senté, me dio unas palmadas gentiles en la mano. Pronto nos enteramos de que los pantalones cortos de gimnasia debían comprarse en la misma tienda donde habíamos conseguido mi uniforme.

Mientras tanto, las experiencias de Ed eran muy diferentes a las mías. No le importaba si encajaba o no con tal que pudiera practicar deportes. Incluso a los once años, era hábil en los deportes y rápidamente ganó amigos al marcar goles en la cancha de fútbol. Pero al igual que yo, mamá también luchó por abrirse camino en esta nueva cultura. Aunque papá tenía un buen trabajo descargando camiones para un lujoso hotel, mamá también se sintió obligada a encontrar trabajo. Jamás consideró la falta de fluidez en su inglés como una excusa para estar desempleada.

Un diccionario amarillo Español/Inglés se convirtió en su mejor amigo. Refiriéndose a él con frecuencia, tradujo un anuncio de búsqueda de un asistente de biblioteca en St. Louis Community College. Tomó un autobús a la oficina de la universidad, donde tendría que tomar una prueba de mecanografía para solicitar el trabajo. En Bolivia, mamá siempre se ganó el cariño de todos aquellos que la conocían, ya sea en el trabajo, en los entornos sociales o en el vecindario. También fue muy admirada por su ética de trabajo, incluidas sus habilidades de mecanografía.

El problema era que en Bolivia siempre había usado una máquina de escribir manual. En América, las máquinas de escribir manuales estaban prácticamente extintas. Para el examen, se le asignó una máquina de escribir eléctrica. Para su asombro, al presionar una tecla, la letra se imprimió en toda la página.

Pero mamá no se dio por vencida. Si logró esquivar las balas en las revoluciones de La Paz, también sería capaz de escribir en esta máquina. Y así lo hizo. Pero la entrevista a continuación la puso aún más a prueba.

Sonreía cada vez que no entendía lo que preguntaba la entrevistadora. Finalmente, mamá dio un suspiro.

—Yo trabajo. Te gusta, pagas. No te gusta, no pagas —le dijo con firmeza.

La entrevistadora hizo una pausa, sonrió y le dio el trabajo en el acto. A medida que pasaron los años, mamá llegó a dominar el inglés. Su personalidad vivaz y su ética de trabajo se ganaron la admiración de sus colegas y superiores hasta que se jubiló veinticinco años después.

—Dios es tan bueno al darme este trabajo —decía mamá a sus amigos—. Pero la mejor bendición es que, por trabajar en esta universidad, la matrícula es gratuita tanto para mi Janet como para Ed.

Papá también cambió de trabajo y ascendió a mejores puestos. Al igual que mamá, buscó trabajo con norteamericanos para mejorar su inglés.

Eventualmente, el invierno de St. Louis terminó y la primavera llegó. El paisaje blanco fue transformándose en plantas verdes y flores con sus colores vivos. Las flores de esperanza comenzaron a florecer también en mí. Algunas alumnas caminaban a sus casas por el mismo camino que yo. Intenté hablar algunas palabras en inglés con ellas, luego algunas frases. Con el transcurrir del tiempo, se convirtieron en oraciones completas. También entendía más y más inglés.

Kathy, una chica de cabello castaño rizado y enormes ojos verdes, se convirtió en mi mejor amiga. Desde el principio, me hacía señales con la mano para invitarme a que me sentara a su lado a la hora de almuerzo. Al principio, no decía nada mientras sacaba mi sándwich de paté de hígado esparcido en pan de molde. Ella simplemente sonrió, no necesitaba palabras. Su cariño me tocó el corazón y me dio el ánimo que tanto necesitaba. Hasta el día de hoy, Kathy y yo seguimos siendo buenas amigas.

Papá inició una nueva rutina a la hora de la cena, nos ponía a prueba a ambos para ver cuánto inglés habíamos aprendido. Para asegurarse de que usáramos las nuevas palabras, insistió en que la familia hablara inglés en casa. Esto era algo bochornoso para mí al principio ya que no teníamos suficiente vocabulario para expresarnos. Pero ninguno de nosotros se atrevía a ir en contra de los dictámenes de papá. El sacrificio dio sus frutos. Con el paso de los meses, mi familia hablaba el inglés con más fluidez que nuestros vecinos bolivianos que habían estado en los Estados Unidos durante años.

Pronto mi familia desarrolló rutinas para todo, incluyendo la asistencia a la iglesia. Todos los domingos, mamá me colocaba un velo de encaje blanco en mi cabeza con una horquilla y todos nos dirigíamos a misa. Obedecer las doctrinas de nuestra fe católica era una prioridad. El hecho de que el hermano menor de papá en Bolivia haya sido ordenado sacerdote nos hizo católicos muy orgullosos.

Pero a veces, durante la misa, veía lágrimas rodar por las mejillas de mamá. ¿Podría estar escondiendo el dolor que llevaba en su corazón? ¿Extrañaba a Abuelita? ¿Quizás su trabajo era demasiado exigente? Nunca supe y nunca pregunté. Pero lo que estaba a punto de descubrir seguramente le causaría derramar aún muchas más lágrimas.

CAPÍTULO NUEVE

NOCHES SIN ESTRELLAS

"Señor, ante ti están todos mis deseos, no se te ocultan mis gemidos."

Salmo 38:10

Una noche mis padres estaban sentados en la mesa de la cocina susurrando entre ellos, cuando entré, dejaron de hablar. Papá se volvió hacia mí.

—¿Entendiste lo que dijo el doctor? —me preguntó.

Asentí, repasando mentalmente la visita al oftalmólogo de ese mismo día. Había sido mi primer examen de la vista, ya que nunca antes había necesitado usar anteojos. Esa mañana me senté en la silla del consultorio, apoyé la barbilla en un soporte de metal mientras el doctor alumbraba mis ojos con una luz brillante.

—Trata de no parpadear —me instruyó.

Después de examinarme ambos ojos, guardó silencio por un momento y se volvió hacia mis padres.

—Ella ha heredado el gen de la retinitis pigmentosa, los efectos pueden ser graves —les explicó—. Muchas personas con este gen pierden la vista por completo, otros no. No hay manera de saberlo con seguridad y, desafortunadamente, no hay cura ni tratamiento.

¿Retinitis pigmentosa? Qué nombre tan extraño, tan desconocido para mí como la prueba de la vista en sí. El oftalmólogo explicó que retinitis pigmentosa, o RP, es una enfermedad de la retina donde los conos y bastones, que son los que detectan la luz y el color, se deterioran lentamente. En algunos casos, dejan de funcionar por completo, y cuando esto sucede, la ceguera es inevitable.

Papá había heredado este gen. Aunque él todavía no tenía cuarenta años, había notado que su visión nocturna estaba disminuyendo. El oftalmólogo confirmó que esto se debía a la presencia del gen RP y que era el comienzo de la ceguera nocturna. Mi hermano no tenía ninguna indicación de RP, sólo yo había heredado el gene. Me sentí algo aliviada cuando el oftalmólogo me explicó que probablemente no vería ningún efecto hasta cumplir los sesenta años.

—Lo que no entendí es lo que el doctor dijo acerca de ceguera nocturna, ¿qué es eso? —pregunté.

Mamá se volvió hacia mí.

—Eso quiere decir que no puedes ver tan bien como otras personas cuando está oscuro, incluso cuando hay luces. Es por eso que papá tiene dificultades para conducir en la noche. Incluso las luces pueden ser difíciles de ver si no son lo suficientemente brillantes. Por ejemplo, ver las estrellas en la noche no es fácil para las personas con esta condición —mamá explicaba con tristeza.

¿Ver estrellas? Estaba confundida. Claro que sabía lo que eran las estrellas, por lo que me habían enseñado en la escuela y por fotografías que había visto. Pero de repente me di cuenta que no las podría ver por las noches y que, efectivamente, chocaba con objetos una vez que anochecía. Pero siempre echaba la culpa a mi torpeza.

Ahora entendía porqué mis padres susurraban cuando hablaban de este tema, sabiendo que este terrible diagnóstico podría ser una posibilidad no solo para mí, sino para papá también. Me acerqué a mamá para transmitirle tranquilidad.

—Pero ahora estoy bien, puedo ver —le dije.

Una lágrima cayó de sus ojos color avellana, levantó mi mano y la besó.

—No quiero que te preocupes, mi hijita —me dijo.

Sonreí y le prometí no hacerlo, después de todo, el oftalmólogo había dicho que probablemente no tendría ningún problema con mis ojos antes de los sesenta años. Y para una muchacha de tan solo trece años, sesenta parecía un número muy grande. Además, tenía muchas actividades con mis amigas, con quienes me divertía escuchando música, paseando por el centro comercial o asistiendo a los bailes de adolescentes. Esta última era particularmente mi favorita.

Para ese entonces, nos habíamos mudado a un vecindario mejor, ya que el anterior se había vuelto bastante peligroso. Un día, Ed llegó a casa llorando y con sangre brotando de su nariz. Unos niños, mayores que él, habían intentado robarle las monedas que llevaba para su almuerzo. Ed aprendió, de una manera dura, que defenderse no era la mejor de las ideas. Como nuestra escuela solo iba hasta octavo grado, Ed y yo eventualmente asistiríamos a una nueva de todas maneras.

Mis padres alquilaron un departamento modesto cerca de la iglesia St. Mary Magdalen, que también tenía una escuela parroquial. El alquiler era relativamente bajo, lo que permitía a mis padres apartar algo de dinero para sus ahorros. Nunca dejaron de cumplir su compromiso de llegar a las metas financieras que se habían fijado antes de salir de Bolivia. No adquirían nada a crédito y nunca se atrasaban en sus pagos. Se las arreglaron para incluir en su presupuesto tanto la matrícula de la escuela católica para Ed y para mí, así como para ahorrar algo para nuestra educación universitaria. Nuestro único lujo eran las vacaciones anuales de una semana en el lago de los Ozarks.

Mi inglés siguió mejorando, lo cual hizo que todo sea más fácil, y que las oportunidades de aprender algo nuevo surgieran más a menudo. Me hice amiga de una vecina que se llamaba Maggie, con quien siempre íbamos y volvíamos juntas de la escuela.

—Mi mamá está preparando un pastel, ¿quieres entrar? —me dijo una tarde, cuando llegamos a la puerta de su casa.

Cuando Maggie y yo entramos a la cocina, su mamá nos recibió con una cálida sonrisa. Sus ojos tenían un brillo amable, pero me asombró ver que un ojo era azul y el otro verde. Jamás había visto algo así.

Maggie y yo observamos el proceso de elaboración del pastel. Su mamá abrió una caja, la vació en un tazón, agregó un huevo y un poco de aceite, luego batió la mezcla hasta que quedó suave. Para mi sorpresa, eso fue todo. Vertiendo la mezcla en un molde, la puso en el horno. Ese pastel fue el mejor que probé en mi vida. En Bolivia, mi abuelita había hecho tortas en ocasiones especiales como los cumpleaños, pero su proceso incluía una larga lista de ingredientes y mucho más trabajo en preparar la mezcla antes de ponerla en el horno. Pero no en los Estados Unidos, hasta la preparación de un pastel era mucho más fácil y rápida.

Pero la disminución de mi vista nocturna no me hizo la vida más fácil. Fue en el poco iluminado gimnasio, donde mis amigas y yo asistíamos a los bailes, donde me di cuenta de la gravedad de mi ceguera nocturna. Todavía recuerdo la horrible humillación que sentí en un baile en particular. Cuando el grupo tocó las primeras notas de la canción más popular en ese tiempo, "My Girl", todas las chicas esperábamos ansiosamente que un chico nos invitara a bailar. Para mi deleite, fui una de las afortunadas que sintió un golpecito en el hombro. Cuando me di la vuelta, un muchacho extendió su mano, invitándome a bailar.

Los bailes lentos eran fáciles porque solo me dejaba llevar. Pero cuando comenzaron a tocar música con ritmo más rápido, mi pareja de baile y yo nos movíamos individualmente. Con la luz tan baja y sin darme cuenta lo perdí de vista, pero yo seguí bailando. Cuando algunas amigas que estaban a mi alrededor comenzaron a reírse, recién me di cuenta de lo que estaba pasando. Sentí un tirón en mi brazo, era Maggie.

—Estabas bailando sola. El chico se fue cuando le diste la espalda —me avisó.

Mis mejillas ardían de vergüenza y luché por contener las lágrimas. Me encogí de hombros en ese momento, pero esa noche en mi habitación, dejé que las lágrimas fluyeran, prometiéndome a mí misma que jamás iría a otro baile. Pero ese compromiso no duró mucho, ya que mi pasión por el baile pronto borró esa humillación. Pero a partir de ese día, solamente acepté invitaciones para bailar al son de canciones lentas.

Al navegar de noche, se me ocurrió otro plan. Cada vez que mis amigas y yo cruzábamos una calle al anochecer, me sostendría del brazo de alguna de ellas. Ellas aceptaron, ya que sentían pena cuando me tropezaba o chocaba con algún objeto. Al llegar a la escuela secundaria, ya había aprendido a aceptar mi falta de visión nocturna.

Lo que me costaba más aceptar eran los comentarios de algunos muchachos de mi clase. Recuerdo uno en particular. Estaba parada frente a mi casillero, cuando sentí que un muchacho pasaba por mi lado y susurraba en mi oído, *"Hey, Bolivian bombshell!"*.

Me quedé horrorizada. En ese momento, y dada mi experiencia con las revoluciones en mi país, cualquier mención de bombas o armas me remitía a esos tiempos y me paralizaba. Décadas después aprendí que *bombshell* era un modismo utilizado para describir a una muchacha atractiva. Ése muchacho en realidad me estaba lanzando un piropo.

Esos años estuvieron llenos de estudio intenso, y mis esfuerzos rindieron su fruto, ya que mi nombre estaba constantemente en el cuadro de honor. Confieso que mi interés por los chicos era igualmente consistente. Mi primer novio, Steve, llegó a mi vida en mi tercer año de secundaria. Éramos muy jóvenes para comprender el amor verdadero, pero como él se sentía cómodo con mi ceguera nocturna, yo estaba agradecida.

Otro evento muy importante en mi vida ocurrió ese mismo año. Para entonces, mi familia había cumplido cinco años de residencia legal en los Estados Unidos y estábamos listos para solicitar la ciudadanía. Estudiamos para tomar el examen requerido, el cual todos aprobamos con éxito, y mis padres llevaron los documentos respectivos. Finalmente, recibimos la fecha de nuestra ceremonia de ciudadanía. Vestidos con nuestros mejores atuendos, los cuatro entramos en la silenciosa sala del tribunal. Una bandera roja, blanca y azul cubría la pared frontal. Con alegría, honor y gratitud levantamos nuestra mano derecha para renunciar a nuestra ciudadanía boliviana y declarar nuestra lealtad a los Estados Unidos de América.

—No puedo creer que Dios sea tan bueno con nosotros. Ahora somos ciudadanos estadounidenses —mamá dijo con gran alegría cuando íbamos en camino de vuelta a casa.

Cuando llenamos nuestros formularios de naturalización, teníamos la opción de cambiar nuestros nombres. Y así lo hicimos. Eduardo se convirtió en Edward, aunque siempre lo habíamos llamado Ed. Mi nombre fue cambiado de Jeanette a Janet, porque me gustaba la ortografía más simple de mi nuevo nombre.

—Ahora somos estadounidenses —nos dijo papá con firmeza—, no quiero escuchar a ninguno de ustedes hablar español en presencia de aquellos que no lo entienden. El idioma aquí es el inglés, solo el inglés.

Como con todas sus órdenes, papá se aseguró de que obedeciéramos esa regla. Nuestros padres fueron, para Ed y para mí, ejemplos de cómo trabajar arduamente, seguir un comportamiento ético, vivir con honestidad, así como ser fiel a nuestra fe católica. Pero nuestras oraciones en la misa tuvieron que aumentar cuando llegué a parar al hospital durante ese año.

La razón fue que me había excedido con el descubrimiento de un nuevo manjar. Una amiga me había invitado a su casa a pasar la noche, donde me presentó una serie de bocadillos deliciosos que nunca había probado en Bolivia. Entre ellos estaba una crema de queso deliciosa que se untaba en unas galletas de marca Ritz. Mi paladar dio brincos de felicidad. Debí haber devorado una caja entera. Los sándwiches de jamón fueron otra delicia que nunca había disfrutado antes.

Lamentablemente mi sistema digestivo protestó por el cambio drástico de dieta, lo que resultó en una apendectomía de emergencia. Una vez recuperada, pasé a mi último año de secundaria y luego a la universidad. Lo que no sabía era que en esa universidad me esperaba algo mucho más que un diploma.

CAPÍTULO DIEZ

LIBERANDO EL SECRETO

"Señor, tú me examinas y conoces, sabes si me siento o me levanto,
tú conoces de lejos lo que pienso."

Salmo 139:1-2

Al terminar la secundaria, continué mis estudios por dos años en la universidad local de St. Louis donde mamá trabajaba, por lo tanto, la matrícula era gratuita. Durante esa época, otro cambio muy especial se produjo en nuestro hogar. Mi abuelo materno había fallecido tres años después de nuestra partida de Bolivia. Durante los siguientes años, hablábamos por teléfono con Abuelita y con otros parientes con cierta regularidad. Pero nuestro presupuesto no nos permitía un viaje de regreso a Bolivia.

Optamos por traer a Abuelita a los Estados Unidos. Después de tantas lágrimas que derramó cuando nos despedimos años antes, qué día tan especial y alegre fue cuando ella se reencontró con su única hija y sus brazos volvieron a acoger a sus nietos. Ella vivió con nosotros hasta que falleció, estaba a punto de cumplir los cien años.

En esa época, se me abrieron nuevos y amplios horizontes. Gracias a la disciplina de ahorro y muchos sacrificios, mis padres nos permitieron, a Ed y a mí, asistir a una universidad por cuatro años. Un caluroso día de agosto, mi mejor amiga Trish y yo comenzamos a empacar todo lo necesario para comenzar nuestra nueva vida universitaria. Como era típico a principios de la década de 1970, ambas llevábamos el cabello hasta la cintura y vestíamos pantalones cortos y blusas sin mangas. Secretamente tenía celos del cabello lacio de Trish, como era la moda en ese entonces. Deshacerme de mis rizos implicaba mucho tiempo y esfuerzo.

Pero más que nuestra apariencia, estábamos preparando nuestros corazones para la emocionante aventura de ser estudiantes en Southeast Missouri State University, que estaba a dos horas de St. Louis.

—Sí, podemos meter todo en la camioneta de mi mamá —dijo Trish al ver la gran cantidad de artículos empacados.

Arrojé una bolsa de casetes encima de la pila de equipaje.

—Espero no haber olvidado nada —le dije.

Al final sí recordé empacar todo lo que necesitaría. Y lo que traté de dejar atrás fueron mis sentimientos de inseguridad, los que sentí cuando me mudé a los Estados Unidos por primera vez, pero que mis años en la secundaria me ayudaron a madurar, aceptarme a mí misma y aprender a divertirme con mis amigas. Al igual que me quedaban bien mis pantalones acampanados, me sentía bastante a gusto con mi nuevo estilo de vida americano.

Sin embargo, lo que me incomodaba era la tonta nostalgia por mi hogar que comenzó incluso antes de que Trish y yo saliéramos a la carretera hacia la universidad. Pero compartir esos sentimientos inmaduros con alguien, era algo que nunca haría. Trataba de convencerme a mí misma de que todo estaría bien. Cuando estaba a solas, comenzaba la preocupación. Si tan solo no tuviera que preocuparme por la persistente ceguera nocturna, pensé, entonces estaría como mis amigas, rebosantes de alegría por la vida universitaria.

Guardé muy dentro mío esos sentimientos de inferioridad e hice todo lo posible por olvidarlos, mientras Trish y yo nos dirigíamos por la autopista con la furgoneta atiborrada de nuestras cosas. Al llegar al estacionamiento del edificio de dormitorios de las chicas, el estéreo tocaba a todo volumen una canción del popular John Denver. Por la ventana vimos algunos muchachos lanzando una pelota de fútbol al lado de una casa de fraternidad. El panorama lucía muy atractivo, con esos músculos y miradas coquetas que nos hicieron sonreír a ambas.

Por supuesto, me acordé que mi corazón todavía pertenecía a Steve, quien se había quedado en St. Louis para trabajar como electricista. Ninguno de los dos nos comprometimos a permanecer en la relación durante los dos años que estaría en la universidad. Pero ambos sentíamos que llegaríamos a volver a ser una pareja algún día.

Por el momento, decidí concentrarme en esta nueva etapa de mi vida. Durante el día no tenía ningún problema con mi vista. Por lo tanto, decidí que explorar el campus con mi amiga era mi primera prioridad, pero eso sí, teníamos que terminar antes de que oscureciera. Si por alguna razón, la noche me encontrara afuera, estaría perdida y nunca podría volver al dormitorio sin ayuda. Sería un terrible comienzo de mi año universitario. Tomé la decisión de que esa humillación nunca ocurriera.

Trish y yo descargamos la camioneta, convirtiendo nuestro dormitorio en un laberinto repleto de cajas de cartón y ropa amontonada. Cuando casi habíamos terminado de desempacar, el sol de la tarde se filtraba a través de las cortinas verdes de flores amarillas que cubrían la pequeña ventana de nuestra habitación.

Sujeté mi cabello largo y negro en una cola, me puse las sandalias y salí con Trish y algunas nuevas amigas para explorar el campus de la universidad. Pasaron varias horas antes de que nos dirigiéramos a la cafetería para cenar. Sentí un gran alivio por haber llegado antes de que anocheciera.

Después de la cena, Trish y yo volvimos a ordenar nuestro dormitorio. Para entonces, la oscuridad de la noche se asomaba por la ventana y las luces parpadeaban por todo el campus. Mientras arreglábamos nuestras pertenencias, Trish hizo una pausa.

—Algunas chicas y yo queremos ir a escuchar al grupo que se presenta esta noche, ¿nos acompañas? —me preguntó de repente.

—No, estoy algo cansada —respondí—, creo que me quedaré aquí, de todas formas, no es mi tipo de música.

¡Qué gran mentira! Esa música me encantaba, claro que quería acompañarlas y, potencialmente hacer nuevas amigas. Pero no podía arriesgarme a chocar con alguien, caerme por las escaleras o tropezarme con objetos. Los postes de luz proporcionaban suficiente iluminación para todos los demás, pero no para mí. Después de insistir varias veces que fuera con ellas, Trish y las otras chicas finalmente se dieron por vencidas y se fueron. Sentada en mi nueva cobija color lavanda, abracé mi almohada odiando mi mala suerte. ¿Por qué me tocó esta enfermedad? Mi hermano no la había heredado, entonces ¿por qué yo? Las lágrimas rodaron por mis mejillas y la autocompasión se apoderó de mí.

—Amorcito, no poder ver en la noche no es el fin del mundo —me había dicho mamá cuando comenzó a darse cuenta de mis constantes accidentes en los que chocaba con personas, muebles e incluso paredes porque la iluminación era demasiada tenue para mí—. Además, acuérdate de lo que dijo el doctor, todo estará bien durante muchos años todavía.

Pero yo no me encontraba bien. Me sentía miserable, sola y triste. Después de un par de semanas, me vi obligada a tomar una decisión. Un chico de mi clase de humanidades me invitó a salir. Las palmas de mis manos se pusieron sudorosas y dudé: ¿debía decirle que no veía bien en las noches? Pero no mencioné nada y sólo rehusé su petición amablemente con una sonrisa. Al día siguiente volvió a preguntarme y, repitiendo mi negativa, él siguió insistiendo.

—Tengo ceguera nocturna, así que para mí es mejor no tener citas — finalmente le dije.

Pensé que al decirle la verdad lo iba a disuadir de una vez por todas. Pero para mi sorpresa, se encogió de hombros.

—No es gran cosa, si tienes problemas para ver, solo agárrate de mí —me dijo.

¿Aferrarme a él?, ni siquiera me gustaba lo suficiente como para hacer eso. Pero la posibilidad era tentadora. Si me negaba, mis citas se limitarían a sólo durante el día.

Todo cambió unas semanas después. Cuando caminaba por el pasillo hacia la cafetería vi a un estudiante en una silla de ruedas, incapaz de usar sus manos, empujó la misma hacia atrás con un pie para transportarse de una clase a otra. Al doblar una esquina, sus libros cayeron de su bolso. Me apresuré a recogerlos y volviéndolos a poner donde estaban, le di una palmada suave en su mano delgada y nudosa.

—No te preocupes, los libros están de vuelta donde deberían.

Una leve sonrisa curvó sus labios a pesar de los movimientos bruscos y torpes de su cabeza. Esa sonrisa sembró una realidad en mí. A este joven no parecía importarle su apariencia o la forma incómoda que tenía de maniobrar en el campus. Tampoco hacía que se escondiera en su habitación.

Me llevé esa imagen a mi dormitorio, donde mi discapacidad percibida me fulminó con la mirada mientras me veía en el espejo. Yo había permitido que mis inseguridades formen muros que bloqueaban otras oportunidades, y me había encerrado en mi propio dolor y autocompasión.

A la semana siguiente, el chico de mi clase de humanidades me volvió a invitar a salir. Esta vez acepté. Ese día fue el comienzo de una serie de citas. Los chicos me daban la ayuda suficiente para guiarme a través de lugares con poca luz. Si bien nunca me aventuré a salir sola, las citas me dieron la libertad de salir por la noche.

Pero la verdadera libertad fue liberar el secreto que tenía guardado en mi corazón. Aprendí entonces que un secreto que no se comparte, es un dolor que no se cura. Aun así, a pesar de sentirme más a gusto con mi vida universitaria, cada conversación telefónica con mamá me recordaba que estaba lejos de mi familia. La extrañaba especialmente a ella. Cuando escuchaba su voz, se me formaba un nudo en la garganta, lo que dificultaba ocultar mi nostalgia.

Por supuesto, mamá me conocía lo suficiente como para escuchar en mi voz lo que no le estaba contando. Siempre terminaba nuestras llamadas diciendo: "Recuerda acostarte temprano y dormir lo suficiente".

No me recomendaba que estudiara porque ella sabía lo determinada que era para sacar buenas calificaciones. En cambio, siempre me aconsejaba: "Si otras chicas no tienen estándares altos, tú sí. Siempre eres tú quien establece los límites".

Aunque la atención de los muchachos ayudaba a compensar la falta de cariño de mi papá, siempre me mantuve fiel al consejo de mamá. Recordaba sus palabras cuando la vida en la universidad presentó ciertos retos. Los teléfonos celulares no existían todavía, solo había uno fijo en el pasillo para compartir entre las veinte chicas de nuestro piso. Una de ellas, llamada Betty, aparentemente estaba decidida a ser hostil conmigo. Quizás porque yo recibía muchas más invitaciones que ella.

Si ella contestaba el teléfono y pedían hablar conmigo, iba hasta mi habitación arrastrando sus zapatones y golpeaba la puerta con rudeza. Al abrirla, la veía a ella con su cigarrillo Winston colgando de la esquina de sus labios.

—Pérez, la llamada es otra vez para ti —decía con un gesto burlón.

Dirigirse a otra chica por su apellido era tan torpe en la cultura estadounidense como en la boliviana. Aun así, ella siempre lo hacía, su resentimiento era tan evidente como el humo de su cigarrillo.

Durante esos años universitarios, mi comportamiento era diferente al de las otras chicas. Al despedirme de los muchachos, un ocasional y tímido beso era el límite absoluto que yo permitía en mis citas. Mientras tanto, algunas amigas contaban historias de sus experiencias con sus novios. Las divertidas noches que pasaban juntos. Las aventuras de ir de campamento juntos. Las fiestas con bebidas alcohólicas a las que asistían.

En contraste, mis amigas me tachaban de aburrida porque estas actividades no parecían importarme. Mi única prioridad era conseguir el puntaje máximo. Mi única actividad en mi tiempo libre era salir a bailar con mis amigas. Lo que no sospechaba era la forma tan repentina como esa clase de libertad se iba a acabar.

CAPÍTULO ONCE

EL HOMBRE QUE DIOS ESCOGIÓ PARA MÍ

"El Señor guía los pasos del hombre; los afirma si le gusta su conducta."

Salmo 37:23

Steve —mi novio desde el tercer año de secundaria— y yo habíamos acordado salir con otras personas mientras yo asistía a la universidad. Sin embargo, durante ese periodo, nuestro amor mutuo continuó. Después de cinco años de romance, estábamos seguros de que llegaríamos a ser una pareja para toda la vida. Lo único que faltaba era dar el siguiente paso.

En la Nochebuena de mi último año en la universidad, Steve puso en mis manos una caja pequeña envuelta en papel dorado.

—¡Feliz navidad! ¿Quisieras ser mi esposa? —me preguntó con mucha ternura.

Mi corazón se aceleró por la emoción que sentí cuando abrí la caja. Dentro brillaba un anillo de diamantes.

—¡Sí, quiero! —no dudé en responder.

A partir de entonces, supe que mis días de salir con otros muchachos habían terminado. Una semana más tarde, en una noche fría en St. Louis, el sótano de mi amiga rebosaba con risas y charlas mientras nuestro grupo de la universidad celebraba la llegada del Año Nuevo. La noche fue aún más especial para Steve y para mí, ya que también era nuestra fiesta de compromiso. Al centro de una mesa había un pastel decorado para la ocasión que con letras rojas decía: "¡Felicidades, Janet y Steve!".

Mi amiga Trish levantó mi mano izquierda y con admiración dijo: "¡Déjame ver ese anillo otra vez!".

Tristemente nuestro compromiso solo duró una semana. En medio de la fiesta, Steve y yo comenzamos a pelear. Sin vacilar, me quité el anillo y se lo devolví. No debí haber sido tan impulsiva. Steve se fue de la fiesta y yo me quedé tratando de disimular mi vergüenza y arrepentimiento. Guardé esas emociones en la maleta de mi corazón y regresé a la universidad para mi último semestre.

Mis sentimientos por Steve debieron ser más fuertes de lo que pensaba, ya que quedé devastada por la ruptura. Cuando regresé a mi habitación de la universidad, agarré todos los regalos, tarjetas, cartas y todo lo que Steve me había regalado y los tiré a la basura. Luego me prometí hacer lo que cualquier chica inmadura haría cuando un chico le parte el corazón: convertirme en monja.

Mi plan inicial era visitar la iglesia católica más cercana. Pero mi capricho inmaduro y superficial no duró mucho. Como los chismes no se hacen esperar, la noticia del desastroso fin de compromiso con Steve durante nuestra fiesta se extendió como reguero de pólvora por la residencia universitaria. Dos días después, una amiga entró a mi habitación.

—Janet, me enteré de lo que pasó —me dijo con su sonrisa amable.

Traté de no sonrojarme.

—Posiblemente fue lo mejor, pero de ahora en adelante, no quiero saber más de citas ni de muchachos.

—No te creo —dijo ella—. De todos modos, hay alguien que quiere conocerte. Se llama Gene. Es el compañero de habitación de mi novio y es la persona ideal para ti. Ahora que ya no estás con Steve, deberías conocerlo.

Volqué los ojos.

—No me interesa —le dije tratando de mostrarme indiferente.

Pero ella insistió. Escuché como describía lo guapo que era. Momentos después, empecé a considerar la posibilidad de conocerlo. Y luego, como con un chasquido de los dedos, mi plan de convertirme en monja se esfumo de inmediato. Dos días después, me presentó a Gene, quien no vaciló en invitarme a salir.

—Necesito decirte algo —le mencioné mientras salíamos del edificio de mi dormitorio, y tratando de no perderme en sus hermosos ojos azules—, tengo ceguera nocturna, así que es posible que necesite aferrarme a ti cuando estemos en lugares oscuros.

—No hay ningún problema —me contestó mostrando una sonrisa traviesa.

Gene nunca me hizo preguntas. Durante nuestra primera cita en una discoteca, demostró ser un caballero, tan elocuente y cortés como atento para guiarme en lugares poco iluminados. La semana siguiente, me llevó a una fiesta organizada por su fraternidad. Conversamos mientras bailábamos y nos enteramos que él había nacido tan sólo doce horas antes que yo. Su mamá y la mía estaban en trabajo de parto al mismo tiempo, la suya en Estados Unidos y la mía en Bolivia. Ambos cumplimos veintidós ese año.

Después de celebrar con una encantadora cena, se puso algo ceremonioso.

—Quiero que sepas una cosa. Tienes que tomar una decisión. Tú y yo iniciamos una relación o no nos vemos en absoluto —me dijo.

Me decidí por la primera opción. Nos veíamos constantemente. Como mi objetivo principal era tener calificaciones sobresalientes, iba a la biblioteca con frecuencia a estudiar. Gene aceptó que si quería estar conmigo, tendría que estudiar con la misma disciplina, y así lo hizo. El resultado fueron mejores calificaciones e inclusive llegó a graduarse con honores.

Durante los primeros meses de nuestra relación nos dimos cuenta de las diferencias y similitudes de nuestra procedencia. Ambos éramos católicos. Mi familia era devota y seguía estrictamente la doctrina católica. Los padres de Gene se habían divorciado cuando él era niño y su familia en realidad no practicaba ninguna religión.

Yo viví en la casa de mis padres hasta que me fui a la universidad. En contraste, Gene se había independizado justo después de graduarse de la secundaria. Él había aprendido a administrar sus propias finanzas mientras que yo sabía muy poco sobre el tema, menos aún hacer un presupuesto. Subconscientemente, tenía la misma mentalidad de mis padres: el dinero debería gastarse solamente en artículos necesarios. Gene había visto a su padre y su madrastra disfrutar de casas rodantes, botes y muebles caros.

Durante los tres primeros meses de nuestro noviazgo, pensé que ya sabíamos todo el uno del otro. El siguiente paso era presentarlo a mis padres en St. Louis. Al terminar la cena, y sentados en la sala familiar, él hizo algo que no esperaba.

—Quiero que sepan que amo a su hija —dijo dirigiéndose a mis padres con solemnidad—, y me gustaría tener su permiso para casarme con ella.

¿Permiso para casarse conmigo? Estaba tan sorprendida como mis padres. Mi sorpresa se convirtió en shock cuando Gene sacó una caja de terciopelo rojo con un anillo de diamantes dentro. Mis padres se quedaron sin habla. Tan solo tres meses antes, había estado comprometida con otra persona. Una vez más, mi respuesta fue sí.

Pero la sorpresa final no vino de parte de Gene, sino de mis papás. Un día, antes de que regresara a la universidad para cursar mi último semestre, mamá entró a mi habitación con su habitual cálida sonrisa y me dijo:

—Janet, podríamos celebrar tu graduación organizando una fiesta, pero eso duraría poco y lo olvidarías muy pronto. En cambio, a tu papá y a mí, nos gustaría regalarte un viaje a Europa.

Me quedé mirándola sin decir nada. Estaba enamorada y ansiosa por organizar los detalles de mi boda, la cual estaba programada tan pronto como Gene y yo nos graduáramos de la universidad. La idea de viajar no encajaba con mis planes.

—No es necesario, tú y papá ya hicieron suficiente al pagar la universidad. Además, no quisiera viajar sola —le expliqué.

Mamá se sentó a mi lado.

—Es posible que nunca más tengas esta oportunidad de visitar y conocer otros países. Tal vez una amiga pueda ir contigo —me sugirió.

Llamé a Gene por teléfono ya que él había regresado a la universidad.

—No vas a creer esto, mis papás quieren que vaya a Europa como regalo de graduación.

—¡Fantástico! —dijo Gene y luego de una pausa continuó—. Pero cuidado te enamores de alguno de esos franceses y quieras quedarte allá.

Ambos nos reímos. Al final, mamá tenía razón. Una amiga que se había graduado un año antes tenía algún dinero ahorrado y estaba feliz de acompañarme. Los recuerdos de ese recorrido por Europa todavía me hacen sonreír con deleite.

Una vez que regresé, Gene y yo nos ocupamos de planificar los detalles de la boda que se iba a llevar a cabo en enero del siguiente año. Como cualquier latina apasionada, me concentré en todos los detalles de la boda, la música y la fiesta. Pero no se me ocurrió pensar en el matrimonio en sí, ni lo que eso conlleva.

Finalmente, el gran día llegó. Seis damas de honor luciendo vestidos de terciopelo color guinda se pusieron en fila en la parte trasera de la iglesia católica St. Mary Magdalen. Mi vestido de novia era perfecto para una boda de invierno. Llevaba una capa blanca que hacía contraste con mi cabello negro y largo. Después de la ceremonia, celebramos bailando al ritmo de música boliviana, así como americana. Terminada la fiesta, Gene y yo nos fuimos a nuestra luna de miel.

Pero al poco tiempo de nuestro retorno, ya no había ninguna celebración. Una vez que comenzamos nuestra rutina, la manera tan diferente en la que habíamos sido criados se hizo dolorosamente obvia. Teníamos la idea equivocada de que nuestro amor sería suficiente para ser felices. Pero tal felicidad no podía ser encontrada por ninguna parte.

CAPÍTULO DOCE

EL MUNDO SE ESTÁ CERRANDO

"Yo te instruiré, yo te mostraré el camino que debes seguir;
yo te daré consejos y velaré por ti".

Salmo 32:8

Para empezar, discutimos acerca del departamento que debíamos escoger. Yo quería un departamento pequeño, de un precio económico. Gene quería uno más grande con comodidades que reflejaran un alquiler más alto. Nos movimos al más pequeño y compramos un sofá de color marrón, amarillo y naranja que no hacía juego en absoluto con la alfombra azul. Este departamento se convirtió en un campo de batalla con peleas constantes.

Nuestras metas nos ayudaron a mantenernos enfocados. Gene estudiaba para recibir su certificación de CPA mientras trabajaba en una empresa de contabilidad. Yo trabajaba en el departamento de contabilidad de La Cruz Roja. Discutíamos constantemente por el tema financiero ya que nuestros puntos de vista y prioridades eran diferentes. Pero a pesar de las duras peleas, permanecimos juntos. Nuestra relación mejoró una vez que Gene obtuvo la certificación CPA, ya que le permitió conseguir empleos mejor remunerados, así que nuestras finanzas ya no eran un problema. Nuestra vida se hizo más calmando y gradualmente nos adaptamos a las diferencias en nuestra manera de pensar.

Todo eso volvió a cambiar dieciocho meses después, cuando decidimos tener un bebé. Durante los nueve meses de nuestro noviazgo, vivimos embelesados en nuestro amor. Estábamos tan enamorados que el tema de mi enfermedad de la retina quedó enterrado por los sueños que teníamos acerca de nuestro futuro juntos. Uno de esos sueños incluía tener hijos corriendo por la casa y llenando nuestra vida de felicidad. Una noche, después de cenar en nuestro restaurante favorito, Gene tomó mi mano.

—Antes de formar una familia, creo que deberíamos ir a ver a un especialista —me dijo muy serio—. Tenemos que consultar sobre las posibilidades de que nuestros hijos hereden RP.

Me quedé mirándolo en silencio. Temía la confirmación del médico de que sí había la posibilidad de que transmita esta enfermedad a nuestros hijos. Pero sabía que Gene tenía razón, asentí levemente y le dije:

—Lo sé.

Hicimos la cita. Después de que el oftalmólogo examinó mis ojos dilatados, nos habló visiblemente afligido.

—Janet, tengo la obligación de comunicarte que tu enfermedad de la retina puede ser transmitida a tus hijos. De hecho, cada hijo tendrá un cincuenta por ciento de posibilidades de heredarla —después de una pausa nos miró a Gene y a mí y agregó—. Creo que deberían considerar la adopción.

Un escalofrío recorrió mi cuerpo. ¿Adoptar? ¿No poder tener mis propios bebés? Luché contra el impulso de gritar: ¡No, no me arrebate ese sueño! ¿Usted no comprende? Mi deseo más grande es ser mamá.

Gene se volvió hacia mí.

—Lo pensaremos, ¿verdad? —dijo con ternura.

Asentí levemente, conteniendo mis lágrimas. Cuando salimos del consultorio del oftalmólogo, Gene me abrazó.

—Todo va a estar bien.

Razoné que Dios era quien tenía control de todo, Él decidiría por nosotros. Llegando a nuestra casa, Gene y yo descartamos el consejo del oftalmólogo y no hicimos ningún esfuerzo por evitar la concepción. Cuando fuimos a misa, oré en silencio: "Dios, si vamos a tener hijos, ¿podrías protegerlos?".

Unos meses después, esperábamos a nuestro primer bebé. A su debido tiempo, nació nuestro primer hijo, Jason. Dos años más tarde, llegó su hermano menor, Jeff. Dieciocho meses después, nuestro tercer hijo, Joe, llegó para completar nuestra familia.

Con los ascensos de Gene en la firma de contadores públicos de St. Louis, sus ingresos aumentaron. Yo, consciente de que muchas mamás se veían obligadas a trabajar, agradecía a Dios con mucha alegría por la bendición de permitirme quedarme en casa y cuidar a mis bebés. En esa época, la década de los 70, el feminismo estaba tomando fuerza, por lo que las mujeres como yo, que se dedicaban al cien por ciento a cuidar de sus familias, contradecían totalmente sus fundamentos. Este movimiento estimulaba a las mujeres a "vivir a la altura de su potencial" siguiendo una carrera profesional. Mientras que yo me uní a una organización que apoyaba a las madres de tiempo completo, ofreciendo clases para los padres y actividades para sus pequeños.

Un día, al salir de una reunión de directorio, y llevando a mi hijo Joe en mis brazos, la presidente de la organización se acercó a nosotros.

—¿Considerarías dar una entrevista por televisión para informar sobre nuestra organización? —me preguntó.

Yo respondí con un contundente "Claro que sí". Ese fue el principio de una serie de entrevistas por radio y televisión. En cada una de ellas, reafirmé nuestra posición, enfatizando que las madres amas de casa tenían un papel vital en la sociedad, estaban moldeando a los líderes del mañana.

Gene me apoyaba en esta tarea. Él también era un padre muy involucrado en el cuidado de los niños. A pesar de su copada agenda en la oficina, llegaba a casa con suficiente energía para atender y jugar con nuestros hijos. Les leía y no escatimaba en mostrar su afecto. No importaba lo ocupada que estuviera yo con las travesuras y constante actividad de los niños, Gene comprendía que cuidar a mis tres pequeños era mi sueño hecho realidad.

Sin embargo, al parecer estuve tan ocupada con esa placentera rutina, que no me di cuenta de que algo estaba pasando. Algo inesperado y que puso mi mundo de cabeza.

Una mañana, Gene tomó las llaves de su auto se dirigió a la puerta. Hizo una pausa para darme un beso de despedida.

—Tengo que trabajar hasta tarde otra vez —me dijo.

—Supongo que ese ascenso tiene su precio, ¿no? —le respondí con una sonrisa y un guiño en los ojos.

Yo comprendía que la nueva posición que tenía era más demandante. Y aunque a veces para mí era bastante agotador atender a nuestros pequeños todo el día, siempre era un deleite. Después de cambiarles los pañales, bañarlos, leerles cuentos y acostarlos, bajaba al primer piso para recoger todos los juguetes tirados y doblar la ropa que había lavado. Algunas veces, recostada en la cama exhausta, pensaba en lo mucho que extrañaba la compañía de Gene por las noches. Pero también reconocía y valoraba todas las bendiciones que su arduo trabajo nos proporcionaba, por lo que tomé la decisión de que él nunca escucharía una sola queja de mis labios.

En silencio, repasaba mentalmente el gran contraste que era nuestra vida aquí en los Estados Unidos en comparación con la pobreza con la que crecí en Bolivia. Aunque al principio Gene y yo tuvimos problemas financieros, a medida que pasó el tiempo, Gene se desempeñó muy bien en el trabajo y fue ascendiendo. Habíamos construido una hermosa casa de dos pisos. Conducíamos automóviles BMW. Disfrutábamos de vacaciones en Disney World. Todo era un sueño hecho realidad para esta chica boliviana.

Pero un día, sin ninguna advertencia, las consecuencias de mi enfermedad de la retina sacudieron nuestra vida de ensueño. Mientras mi visión central no se veía afectada, mi visión periférica comenzó a estrecharse. Me repetía incesantemente que yo podía lidiar con eso. Enmascaré mi preocupación con un sin-fin de actividades para mantener a mis tres pequeños ocupados. Ellos me necesitaban y conducir el coche para transportarlos, era parte de mi trabajo.

Pero si ignorar a ese intruso que no había invitado no funcionaba, el negarlo tampoco lo hacía. Cada vez que me sentaba tras el volante, mi concentración era intensa. Me limité a conducir durante el día y solo a lugares necesarios: citas con el médico, actividades escolares, prácticas de fútbol y compras de alimentos. A medida que pasaban las semanas, las situaciones que me incomodaban iban en aumento.

Las reuniones con amigos del vecindario también iban perdiendo su atractivo. Los momentos que solían ser divertidos con otras parejas, mientras nuestros hijos jugaban en el patio, dejaron de serlo. En general, me las arreglaba para transitar entre los que asistían a esas reuniones como siempre lo hacía. Pero a veces chocaba con uno de ellos o me tropezaba e inmediatamente lo atribuía a mi torpeza. En otras ocasiones, mis vecinos bromeaban acerca de mis habilidades de conducción, como cuando retrocedí el auto y choqué contra el buzón en frente de nuestra casa. Tratando de ocultar mi vergüenza, respondía con una falsa sonrisa y daba una excusa. Pero por dentro, estaba mortificada.

Así como conducía el auto con mucho cuidado, tenía que caminar con más atención. En una de las reuniones con los vecinos, entré a una cocina lentamente llevando una bandeja de verduras. Christy, la anfitriona, me señaló una mesa.

—Puedes poner tu bandeja allí.

Coloqué la bandeja sobre la mesa, sin ver la cuchara que sobresalía de una fuente de gelatina. Cuando le di un golpe sin querer, pedazos de gelatina roja volaron sobre la mesa y el suelo.

—No es gran cosa, déjame ayudarte a limpiarlo —me dijo Christy agarrando una toalla de papel.

Lo que sí fue gran cosa fueron los susurros de las otras mujeres. Pensaban que no escuchaba sus murmuraciones de lástima a causa de mi mala suerte. Por fuera, aparentaba una actitud positiva, pero por dentro lloraba. Después de todo, ellas tenían razón. Yo pasé de ser una madre normal como ellas a ser una mujer minusválida, incapaz de hacer muchas cosas.

—¿No le pueden hacer algún trasplante? —escuché que un amigo le preguntaba a Gene— ¿O alguna medicina que pueda tomar?

—No, no la hay —respondió Gene e inmediatamente cambió de tema.

¿Él también estaba resentido por esta horrible enfermedad que manchaba nuestra felicidad? Quería preguntarle cuando nos quedamos a solas. Pero en cambio, me concentraba en evitar más incidentes vergonzosos. Esta preocupación se sumaba a la ansiedad que me atacaba cada vez que encendía el auto. ¿Pero qué alternativa tenía? No conducir sería aún más doloroso.

Al salir de nuestro vecindario, volteaba la cabeza de un lado a otro con más frecuencia para asegurarme de que el camino esté despejado. También evitaba las autopistas grandes y manejaba solo por zonas conocidas. Una mañana de sol brillante, acomodé a mis tres hijos —quienes tenían entre dieciocho meses y seis años— en las sillas para niños en el asiento de atrás. Antes de empezar a conducir, los miré con seriedad.

—Ahora, escuchen bien niños, necesito que permanezcan bien callados para que mamá pueda concentrarse en conducir. Sin peleas ni lloriqueos, ¿de acuerdo? —les recomendé.

Ellos asintieron, pero pronto empezaron su charla habitual, sus preguntas y hasta los lloriqueos. Yo hacía todo lo posible por ignorar esas potenciales distracciones, mientras conducía con cuidado hacia el consultorio del médico donde teníamos una cita. Me enfocaba en permanecer dentro de las líneas blancas. Unas cuadras antes de llegar a nuestro destino, activé mi señal, miré a mi izquierda y luego, lenta y cuidadosamente, procedí a cambiar de carril.

De pronto, un tremendo impacto nos sacudió. Para mi gran sorpresa, un auto había estado en el carril de al lado y yo no lo había visto. Los niños comenzaron a llorar. Detuve el auto de golpe y luché para contener mis propias lágrimas, consciente que lo que había sucedido era mi culpa. El conductor del otro auto corrió hacia el nuestro y comenzó a golpear el vidrio de mi ventana.

—¿Estás loca o qué? —me gritaba enfurecido— ¿Qué te pasa? Abre la puerta.

Ninguna de mis disculpas disminuyó su ira. Cuanto más fuerte gritaba, más lloraban mis hijos. Conduciendo lentamente de regreso a casa, agradecí a Dios porque nadie resultó herido. Me sentía sumamente culpable y me castigué a mí misma, ya que no había hecho caso al médico que me había advertido, tres años atrás, que algo así podría ocurrir. Esos recuerdos llenaron mi mente.

Era mi vigésimo séptimo cumpleaños. Junto con los regalos de Gene y mi familia, recibí una carta inquietante del oftalmólogo. Una prueba reciente de mi vista revelaba una disminución drástica de mi visión periférica. La carta que me había enviado el doctor por correo concluía: "Mi recomendación profesional es que deje de conducir cualquier vehículo motorizado. Su limitada visión plantea serios riesgos."

Decidida a no perder mi independencia, rompí la carta y no mencioné acerca de esa advertencia a nadie. A partir de ese día, yo misma trataba de convencerme de que mi vista central era suficientemente buena. Pero, tres años después, me convencí que estaba equivocada. Chocar de costado con ese auto me obligó a tomar una decisión muy dolorosa. Si bien la idea de no volver a conducir me dejó devastada, estaba segura que me sentiría peor si causaba otro accidente que lastimara a mis pequeños o a otras personas.

Al llegar a casa, me detuve frente al garaje, mis manos temblaban al presionar el botón del control remoto para abrir la puerta. Una vez que apagué el auto, no pude contener las lágrimas, y me cubrí la cara con las manos.

¡Ya no puedo hacer esto! Grité por dentro. Luego di un suspiro profundo, me enderecé y sequé las lágrimas. No podía dejar que mis hijos me vieran sufriendo. Ese accidente tomó la decisión por mí: no volvería a conducir.

Esa misma noche, cuando Gene y yo nos sentamos en la mesa de la cocina, le conté acerca de mi decisión y los cambios inevitables que esto traería.

—Es muy difícil seguir conduciendo —le dije—, hoy choqué con un auto que iba en el otro carril.

Gene se volvió hacia los niños que jugaban en la sala de estar.

—¿Están bien? ¿Tú estás bien? —me preguntó.

Asentí con la cabeza.

—Los niños y yo estamos bien, pero el costado del auto está bastante dañado.

 Gene se puso de pie, se acercó y me abrazó.

—Yo seré quien conduzca de ahora en adelante —anunció.

En ese momento me sentí segura y protegida. Pero él no podía protegerme de los efectos de la enfermedad que se estaba convirtiendo en un monstruo amenazador. Lamentablemente, pronto me enteré que no era yo la única afectada por ese monstruo.

CAPÍTULO TRECE

SUEÑOS DESHECHOS

"Toma en cuenta mis lamentos; registra mi llanto en tu libro".

Salmo 56:9

Una mañana de primavera, cuando Gene ya se había ido al trabajo, me quedé sentada en la cama sin tender, con un pañuelo arrugado en la mano y con la cabeza que me zumbaba de tanto llorar toda la noche. El sonido del auto de mi vecina alejándose por la calle me provocó cierta envidia. Solo unas semanas antes, yo también había disfrutado de la misma independencia, ahora la había perdido al mismo tiempo que perdí mi autoestima y mi confianza. Ya no podía conducir. ¿Cuántas cosas más sería incapaz de hacer por mi familia?

El sonido de la televisión que llegaba desde la sala del piso de abajo me hizo reaccionar. Con mucho cuidado, busqué la baranda de los escalones para guiarme. Mis tres hijos estaban jugando en la sala de estar. Al verme entrar en la cocina, Jason, que tenía seis años, corrió hacia mí.

—Mami, ¿puedo prepararles el cereal?

Lo abracé y besé su frente.

—Claro que sí, eres el hermano mayor.

Debió darse cuenta que su mamá necesitaba ayuda, probablemente había visto cuando me di un golpe en la pierna con la puerta abierta del lavaplatos. O quizá cuando solté un fuerte "Ouch" días antes, cuando toqué una olla caliente con los dedos.

—Apaguen el televisor. Es hora de desayunar y alistarse para ir a la escuela —les pedí.

Muchas veces, la rutina matinal incluía la búsqueda de objetos perdidos.

—¡Mamá, no puedo encontrar mi mochila! —Jeff gritó desde su habitación esa mañana.

En el pasado, bastaba dar un vistazo alrededor para encontrar lo que fuera. Ahora, en cambio, necesitaba la asistencia de mis hijos. Di unas palmadas con las manos.

—¡Chicos, rápido, rápido, ayudemos a Jeff a encontrar su mochila!

Si mis órdenes no tenían éxito y seguían jugando, cambiaba mi táctica.

—El primero que encuentre la mochila ganará un premio cuando regrese a casa.

Con esa estrategia, usualmente conseguía mi propósito y ya solo los escuchaba corretear por aquí y por allá, hasta que encontraran el objeto perdido. Justo a tiempo para que llegara quien los llevaría a la escuela.

Otro juego que les esperaba a su retorno a casa era: "El primero en cambiarse de ropa, puede invitar a un amigo para que venga a casa a jugar". En lugar de pedirles, una y otra y otra vez, que se cambiaran el uniforme escolar, este concurso funcionaba de maravilla.

A medida que pasaban los meses, esta clase de juegos con mis hijos me ayudaban a compensar todo lo que ya no podía hacer como antes. Cuando se me caía algo al suelo, Jeff —el del medio—, venía corriendo de donde estuviera a levantarlo, y poniendo el objeto en mis manos, me decía: "aquí está, mami".

A pesar de sus tiernas edades, cada uno demostraba ternura a su manera. Todo eso me hacía valorar nuestro trabajo en equipo. Por ese entonces, los dos mayores, Jason y Jeff asistían a la escuela primaria, y el menor, Joe, iba a un preescolar parte del día. Lo que hacía que la casa esté tranquila por unas horas. Por las tardes, solo me quedaba con Joe y mientras él tomaba su siesta, yo, con la vista nublada por las lágrimas, aprovechaba para contemplarlo, tratando de guardar en mi memoria cada detalle de su pequeña persona: su cabello castaño rizado enmarcaba su carita, sus largas pestañas hacían sombra en sus mejillas gorditas. Cuando tenía oportunidad, hacía lo mismo con sus hermanos, atesorando cada imagen en mi corazón.

Pero los momentos en que los tres estaban en la escuela y yo estaba completamente a solas, mi angustia se intensificaba. Me preguntaba una y otra vez: ¿debería aferrarme a la esperanza de que se encuentre cura para mi enfermedad, o debería prepararme para lo peor?

Por su lado, también mis padres luchaban una batalla similar. A pesar de que ellos vivían muy cerca nuestro, evitaba recurrir a ellos para pedirles ayuda porque sabía que estaban enfrentando sus propios problemas. Papá, de quien heredé el gen RP, también estaba perdiendo su visión. Yo ya no conducía, pero él insistía en seguir haciéndolo, sin importar que, unas semanas antes, había chocado con un autobús. Mamá trataba de apoyarlo a la vez que trataba de razonar con él para que dejara de conducir. Papá comenzó a molestarse si alguien se atrevía a mencionar el problema de su vista y se negaba a cualquier tipo de ayuda que le ofrecieran.

Con todo su amor y dulzura, mamá seguía apoyándonos y demostrando su comprensión y paciencia inquebrantable tanto con mi papá como conmigo. A menudo me llamaba.

—¿Cómo estás, hijita? Acabo de preparar pollo, ¿qué te parece si te lo llevo? —me preguntaba.

—No te preocupes por mí, mamita —trataba de tranquilizarla—, estoy bien. Los niños también están muy bien.

Pero la verdad era que yo no estaba bien. Me angustiaba por ella y papá, quien estaba pasando por el mismo tormento. El tiempo pasaba rápido y con él, nuestra visión se iba apagando cada vez más, para papá y para mí. Para entonces, ya veía demasiado poco. Así que decidí iniciar mi propia investigación: encontrar un tratamiento o un médico que nos dé cualquier señal de esperanza.

En esa tarea encontré una organización que estaba financiando la investigación para encontrar cura para la RP. Pero asimismo me afirmaron que esa remota posibilidad de cura tomaría muchos años. No tenía años, ni siquiera meses. Solo unas pocas semanas después, mi visión de túnel se había reducido de tal manera que, al caminar, chocaba constantemente con objetos, tropezaba con juguetes, me caía de las escaleras y a veces calculaba mal el borde de la mesa.

Gene nunca se quejaba al ayudarme a limpiar los platos, o vasos o lo que sea que había roto. Pero cuando estaba en el trabajo, dejándome sola con nuestros hijos, era cuando me sentía sobrecogida por los retos. En general, me daba modos para seguir haciendo todos los quehaceres de la casa: cocinar, limpiar, consolar a los niños cuando se lastimaban, disciplinarlos cuando peleaban y monitorear sus juegos. Otras veces, cuando me distraía con sus travesuras y caminaba apresurada, accidentes ocurrían. En una ocasión, me llegué a golpear tan fuerte la frente con el borde de la puerta abierta de un armario, que en mi rostro se pintaba una mezcla de sangre y lágrimas. Mi mayor preocupación era evitar que mis hijos me vieran afligida y llorando.

Gene también presenció muchos de estos incidentes cuando estaba en casa. Al principio, ofrecía palabras de tierno consuelo. Pero a medida que se fueron repitiendo con más frecuencia, ya solo me preguntaba un simple "¿estás bien?".

Él no compartía sus dudas o preocupaciones. Yo, que estaba luchando con mi propia angustia, tampoco lo presioné para que me abriera su corazón. Yo seguí adelante, aferrada a una esperanza, pero desesperada por demostrarle que todavía tenía la misma esposa con la que se había casado una década atrás: sana, enérgica y con una alegre personalidad. Ambos nos hicimos expertos en pretender. Ninguno de los dos expresamos en voz alta la terrible probabilidad de mi ceguera total.

Una noche, mientras Gene jugaba con los niños en la sala de estar, yo bajé las escaleras cargando una canasta de ropa para lavar. A pesar de que bajé con mucho cuidado, fallé en uno de los peldaños. Caí y terminé golpeándome la cabeza contra la esquina de una mesa. De inmediato se formó un bulto enorme a un costado de mi cabeza. Gene corrió hacia mí,

—¿Qué pasó? —Gene preguntó corriendo hacia mí.

—Fallé un escalón, eso es todo —le contesté mientras mantenía una mano presionando mi cabeza.

Cuando me alcanzó una bolsa de hielo, pude sentir la frustración en su voz.

—¡Ya basta con esto! Tenemos que consultar otro oftalmólogo.

Así lo hicimos. Una vez en la oficina del oftalmólogo, recorrimos la misma tediosa lista de exámenes que me habían hechos todos los doctores anteriores.

—Haremos una prueba de la periferia, pero ya les puedo anticipar que veo el rápido deterioro —nos recalcó, inclinándose en su silla—. Ustedes ya saben que no existe cura, tratamiento o cirugía para el RP.

Sus palabras fueron como una puñalada en mi corazón. Sabía a lo que se refería: mi ceguera era inevitable. Debió haber visto la desesperación en mi rostro porque continuó su explicación de inmediato.

—No te preocupes, puede pasar mucho tiempo antes de que pierdas la vista por completo. Pero lo más probable es que sí suceda. Por lo tanto, tienes que estar preparada.

Apreté el brazo de la silla con todas mis fuerzas. ¡No, tiene que estar equivocado! Los médicos también se equivocan, y seguramente él también. La ceguera nocturna y la falta de visión periférica eran una cosa. Pero quedarme completamente ciega no podía suceder. No a mí. No Ahora.

Mientras Gene y yo conducíamos a casa después de la cita, me volví hacia él.

—Debe estar equivocado. El médico anterior nos dijo que no pasaría nada hasta que cumpliera los sesenta años.

Gene dio un largo suspiro.

—Ya no sé a quién creer —dijo.

Yo tampoco lo sabía. A pesar de mi propia desesperación y temor a la ceguera inminente, traté de tranquilizarlo, para evitar aumentar su estrés. Pero decidí tomar acciones por mi cuenta. No descansaría hasta encontrar alguna posibilidad, por muy pequeña que fuera, para detener el avance del RP. Consulté con oftalmólogos en Estados Unidos, Cuba y Europa. Me enteré de un procedimiento en Rusia donde insertaban agujas dentro de los ojos, con algunos resultados positivos, pero los efectos secundarios incluían severas infecciones.

Seguidamente probé con acupuntura. Acostada en una mesa, me punzaban agujas alrededor de las cuencas de mis ojos, y otras en mis manos y pies. El único resultado de esas sesiones fue el dolor ocasionado por las agujas.

Poco tiempo después, me enteré de una mujer que dirigía un laboratorio de investigación de RP en California, quien afirmaba resultados prometedores. Como el viaje a California y el tratamiento serían costosos, necesitaba un consejo. Una amiga me recomendó a un adivino.

—Esta persona te dirá si el tratamiento te curará o no —me aconsejó.

Solicité una sesión con dicho adivino. Inició con una perorata absurda y tomó de inmediato mi dinero. Me hizo algunas preguntas, pero luego de agregar otros sin sentidos, salí de prisa del lugar. Pero no me di por vencida. Acudí a una sanadora de la Nueva Era, quien me pidió que inhale aromas de aceite de unas botellas pequeñas, luego pasó su mano por encima de mi cuerpo.

—Estoy sintiendo tu energía —me dijo después de una pausa.

Pero toda mi energía se evaporó apenas recibí la enorme factura. En mis momentos a solas, oraba desesperadamente: ¿Señor, me escuchas? Habría hecho cualquier cosa por recibir siquiera un indicio de esperanza. Pero nadie me lo daba. Ni siquiera Dios.

De pronto, vinieron a mi mente los recuerdos de mi abuelita arrodillada en su cama, orando por todas las dificultades de la familia. Decidí tener la misma fe para orar por lo que me atormentaba. Como buena católica, aprendí a rezar. Pero ahora lo hacía con más frecuencia, con más fervor y con más lágrimas. Sabía muy bien la doctrina, los ritos y las oraciones. Confesarme con un sacerdote siempre había sido algo incómodo para mí, pero aún así lo hice. Algunos amigos devotos católicos prendían velas en mi nombre, con la esperanza de obtener favores de los santos. Nunca dejé de recibir la Sagrada Comunión en la misa dominical. Lo traté todo, pero no recibí nada.

Pero lo que sí recibí eventualmente de Gene, puso mi mundo de cabeza.

CAPÍTULO CATORCE

UNA MADRE SOLTERA CIEGA

"Entonces clamaron a Jehová en su ansiedad, y los salvó de su angustia".

Salmo 107:13

Lo que había temido por tanto tiempo sucedió. Una fría mañana de invierno, me desperté y volteé la cabeza de un lado a otro, con la esperanza de poder ver algo, cualquier cosa. Parpadié y me froté los ojos. Pero era como si un manto gris hubiera cubierto todo lo que me rodeaba.

¡Qué cruel! Así me parecía Dios. Era como si tuviera sus dedos en el interruptor de luz e iba atenuando mi vista poco a poco. A pesar de mis súplicas para que me curara, Él seguía bajando ese interruptor hasta que no hubo nada. Ni sombras , ni colores. Sólo veía un velo gris. Apreté los puños con toda mi fuerza, el cuerpo me temblaba, por dentro preguntaba: "¿Por qué, Señor? ¿Por qué yo? ¿Por qué ahora?".

Siempre había creído que Dios era bueno. Abuelita nos había enseñado la misericordia y la compasión de Dios. ¿Pero tal vez sólo para otros, no para mí?. Algunas lecturas de la Biblia durante la Misa relataban historias en los que Jesús había sanado a ciegos. Quizás ellos merecían su sanidad. Pero ¿por qué no yo?

Mientras Gene tomaba una ducha antes de ir al trabajo, hundí la cabeza en la almohada pensando en lo terrible que debía ser para mis hijos vivir con una madre ciega. Siempre quise darles lo mejor. Ahora les ofrecía lo peor.

Me imaginé que mi esposo también se sentía decepcionado. Se había casado con una mujer joven y saludable capaz de hacer cualquier cosa. Sin embargo, ahora —a menos de una década de haber compartido nuestros votos ante el altar—, él estaba casado con una mujer ciega. A pesar de que el afecto entre nosotros había disminuido y los momentos íntimos eran escasos, él no se quejaba. Suponía que su silencio se debía a que había aceptado nuestra situación y que continuaría proveyendo para nuestra familia.

Y yo me comprometí a dar todo de mi parte. Esa mañana, me levanté y me las arreglé para encontrar el baño, abrí el cajón donde estaba mi estuche de maquillaje. Fijé los ojos, pero mi cerebro no registraba ninguna imagen. Por pura costumbre, levanté la vista hacia el espejo, pero no veía nada. Todo estaba en blanco. Mis manos temblaban, hasta que exploté de rabia. Con toda la ira que jamás había sentido, arrojé el estuche de maquillaje contra la pared, me apoyé en el mostrador, bañando con lágrimas mi horrible vida.

—¿Mami? —la tierna vocecita de Joe, que ahora tenía tres años, me sorprendió.

Con prisa, me sequé las lágrimas y fingí una sonrisa.

—Mi amorcito, voy en un minuto —le dije.

No pude engañarlo. De pronto, sentí sus pequeños brazos alrededor de mi cuello.

—Mami, ¿estás llorando?

Lo abracé fuerte.

—A veces las mamás también lloran, pero yo estoy bien —le susurré—. En realidad, estoy más que bien. ¿Qué tal si te preparo unos deliciosos panqueques?

Estaba decidida a hacer todo lo posible para que mis hijos se sintieran seguros bajo mi cuidado. A pesar de que ya no veía, me encargaba de los quehaceres de la casa, pero claro, muchas cosas me tomaban el doble de tiempo que antes. Empecé a cocinar probando, oliendo y creando mis propias recetas. Doblar la ropa se me hizo más fácil cuando ponía una grapa en la etiqueta de la ropa de mi hijo mayor, dos en la de mi segundo hijo y ninguna en la del menor. Pasando las yemas de los dedos por las etiquetas, identificaba con facilidad a quién pertenecía cada prenda.

Planchar requería también mucho cuidado. Tenía que encontrar el cordón y seguirlo hasta el mango para evitar el metal caliente. Limpiaba el piso de la cocina descalza para que mis pies sintieran los lugares que todavía necesitaba limpiar. Mi memoria se agudizó ya que tuve que aprender de memoria números de teléfono de familia y amigos. Las llamaba por teléfono pidiéndoles transporte para mis hijos, o para preguntarles sobre las notas escolares que encontraba en sus mochilas. Esas actividades implicaban una conveniente distracción del agobiante peso que cargábamos, Gene y yo, por mi enfermedad.

Ambos nos habíamos acostumbrado tácitamente a navegar nuestra nueva rutina juntos. Cada vez que salíamos de casa, me tomaba de la mano y me guiaba, advirtiéndome de la presencia algún obstáculo en mi camino. Pero, sin querer, invitamos a otro obstáculo a nuestra vida. Una amiga y sus hijas vinieron de visita a nuestra casa acompañadas por una estudiante de intercambio, una joven muchacha de México.

Como las hijas de mi amiga bajaron al sótano para jugar con nuestros niños, la estudiante mexicana las siguió rápidamente para cuidarlas.

—¿Sabes? Esta jovencita es maravillosa con los niños. Es como su hermana mayor —me dijo mi amiga mientras bebía una Coca-Cola, sentada frente a mí en la mesa de la cocina.

Quedé intrigada de inmediato. Sería una maravilla tener un poco de ayuda, y más aún que mis hijos tuvieran un hermano mayor con quien jugar.

—¿Cuánto tiempo se quedará contigo? —le pregunté.

—Por un año. Deberías intentarlo. Nos encanta recibir estudiantes de intercambio.

Gene y yo hablamos y estuvimos de acuerdo en intentarlo. Así fue como Ramón vino de España a vivir con nosotros. Pero, aunque nuestros hijos lo veían como un divertido hermano mayor, para mí no lo era. La realidad era que Ramón venía de una familia muy acomodada y no sabía nada sobre los quehaceres de la casa. Su presencia solo significó para mí más ropa que lavar, más almuerzos que preparar y más platos que lavar. Lo único positivo era que Ramón entretenía a los niños y les enseñó algunas palabras en español.

Gene siempre trataba de llegar a casa a tiempo para llevar a los niños a sus diversas actividades. Pero cuando no tenía que hacerlo, llegaba de la oficina más y más tarde en las noches. Una tarde de otoño, él entró a casa. En lugar de saludar a los niños como usualmente hacía, me tomó la mano y dijo: "Necesitamos dar una vuelta en el coche".

Volviendo su vista hacia nuestro estudiante de intercambio, le dijo en un tono serio: "Ramón, volveremos pronto. Por favor, quédate con los chicos. Pueden ver televisión hasta que volvamos".

Gene me guió de la mano hacia nuestro coche. Me abrió la puerta y, mientras yo me acomodaba dentro, él se dirigió al asiento del conductor. Sin ninguna idea de por qué me llevaba de paseo en ese momento del día, abroché mi cinturón de seguridad. Encendió el auto y salimos en silencio de nuestro vecindario. El lugar donde nos dirigíamos no tenía importancia. Sólo quería saber qué pasaba por su mente.

—Dime, ¿qué sucede? ¿Algún cambio en la oficina? No estarás pensando dejar ese empleo, ¿verdad?

—¡No, claro que no! —Gene respondió molesto— ¿Por qué me iría cuando acabo de recibir un nuevo ascenso?

Dio un largo suspiro antes de continuar.

—Lo que quería decirte es que he estado confiando en otra persona.

Contuve la respiración, aturdida y a la vez muy molesta por sus palabras.

—¿Qué quieres decir con eso? —le pregunté.

—Solo que he estado platicando con alguien que trabaja conmigo en la oficina.

Tragué saliva.

—¿Te refieres a una mujer?

No quería escuchar la respuesta. Si era lo que estaba pensando, me destrozaría. Su voz se redujo a un murmullo.

—Lo que estoy tratando de decirte es que ya no soy feliz desde hace algún tiempo. Tengo otra persona en mi vida.

¿Alguien más? ¿Qué? ¿Por qué? ¿Desde cuándo? Esas preguntas estallaban en mi mente. Me preguntaba dónde había estado yo que ni siquiera me di cuenta de lo que pasaba. ¿Cómo había pasado por alto el hecho de que nuestro matrimonio estaba en tanto peligro? ¿Este anuncio significaba que me dejaría? ¿Cómo pudo ser que otra mujer se apoderara de su atención? ¿Nos abandonaría a mí y nuestros hijos?

Tantas preguntas retumbaban dentro de mí, pero las respuestas ya no importaban. Él ya había admitido lo más doloroso. Ahora comenzaba mi propia batalla. ¿Debería pedir más detalles? ¿Debería rogarle que no continuara con esa relación ilícita? ¿Debería explotar con ira por su dolorosa confesión? Quería que el mismo viera el patético hombre en el que se había convertido al buscar otra mujer mientras yo enfrentaba la tragedia de mi ceguera.

Al final, mi respuesta fue breve.

—No me siento bien, necesito un baño —le pedí.

Entramos al parqueo de un restaurante de comida rápido y me llevó al baño de mujeres donde busqué a tientas un inodoro. Allí vomité, deseando poderme deshacer de esta angustia e intenso dolor de esa manera. Momentos después, Gene tocó la puerta y me preguntó si estaba bien.

En ese momento, odié su voz, odié su compañía y odié mi vida. Aunque no quería estar con él ni un minuto más, tenía que salir, tenía que enfrentar la cruda realidad de mi oscuridad física y ahora también emocional.

Las semanas que siguieron se convirtieron en una serie de nubes borrosas. Caminaba por aquí y por allá vacía y sin vida, incapaz de dormir o comer. Mi mundo pendía de un hilo colgado en un puente alto. Mientras me aferraba con todas mis fuerzas, mis dedos se deslizaban lentamente, centímetro a centímetro, hacia el borde. Y, en lugar de venir a mi rescate como esperaba, mi esposo tan solo me dejó caer en un oscuro túnel de desesperación. Él había encontrado la felicidad mientras que yo había encontrado el más profundo desasosiego.

Pero a pesar de la angustia que afligía mi corazón, decidí que cuidar de mis hijos siempre sería mi mayor pasión, a la que tendría que aferrarme aunque acabara conmigo. Pasé largas noches en silencio repasando una y otra vez los años que Gene y yo habíamos estado juntos. ¿Cómo había pasado por alto las señales de que él era tan infeliz? ¿Cómo pude haber permitido que mi ceguera destrozara nuestro matrimonio?

La soledad me atacaba con sentimientos de arrepentimiento, tristeza, culpa y rechazo como nubes grises y espesas iniciando mi tormenta. Cada día esperaba que Gene llegara a empacar sus cosas, pero no fue así. Continuó volviendo a nuestro hogar por las noches, trayendo su frío comportamiento consigo. Acordamos en acudir a un consejero matrimonial. Después de unas cuantas sesiones, el consejero nos dijo, con un tono indiferente, que deberíamos dejar una relación que ya no funcionaba. Gene seguía siendo atento con nuestros hijos, y conmigo él era cordial pero indiferente. Ninguno de los dos esperábamos el dramático cambio que nos esperaba.

CAPÍTULO QUINCE

NUEVA VISIÓN

"Él guía a los humildes en la justicia y les enseña su camino".

Salmo 25:9

El hermoso y colorido jardín que adornaba la parte frontal de nuestra casa, enmascaraba la triste y gris realidad de su interior. Nadie podría haber sospechado el dolor que albergaba dentro de sus paredes. Mis padres tampoco sospechaban el rechazo y la angustia en la que vivía. La personalidad optimista y alegre que me caracterizaba, se había ido, pero me imagino que ellos lo aludían a mi ceguera.

Una mañana, pasé los dedos por la superficie del mostrador de la cocina y encontré las cajitas de almuerzo para Jason y Jeff que había preparado la noche anterior.

—Aquí tienen sus almuerzos chicos. Apúrense, la mamá de Andy llegará pronto para recogerlos.

Ni siquiera me había duchado o cepillado el cabello todavía. Alistarlos para que vayan a la escuela requería toda mi energía y concentración. Sonó el timbre y Jason abrió la puerta. Escuché a Sue, la mamá de Andy, cuando entró a la cocina. Ella llegó a ser una buena amiga en quien podía confiar. Me dio un abrazo.

—Llegué un poco temprano. Quería asegurarme de que estés bien —y apartándose un poco me preguntó—, ¿lo estás?

Aguanté el impulso de llorar en su hombro y contarle lo devastada que me sentía por dentro. Pero en su lugar, me tragué el nudo que se había formado en mi garganta y sólo asentí diciendo,

—Estoy tratando de acostumbrarme a esta nueva forma de vida. No es fácil, pero estoy bien.

Sue apretó mis manos.

—No puedo ni imaginarme lo difícil que debe ser.

Ella tenía razón. Pocos podían imaginar cómo era quedarse totalmente ciega o enfrentar la infidelidad en el matrimonio, mucho menos ambas al mismo tiempo. En lugar del "y vivieron felices para siempre", mi vida era una historia con un final infeliz.

Esa misma noche, Sue me llamó.

—No estoy segura si pueda interesarte, pero habrá un servicio de sanidad en mi iglesia esta noche. Puedo pasar por ti si deseas ir.

Si hubiera recibido esa invitación antes de perder la vista, la hubiera rechazado, una persona católica como yo no visitaba iglesias Protestantes. Pero esas reglas perdieron todo significado cuando Sue mencionó la palabra "sanidad". Como aparentemente Dios no me había escuchado cuando oraba dentro de una iglesia católica, tal vez me escucharía en una iglesia Protestante, pensé. Pero cautelosa porque no quería formar falsas expectativas. Temía que fuera otra decepción.

—Está bien, iré contigo —le contesté—. Gracias.

Mientras tanto, la estadía de nuestro estudiante de intercambio se vio interrumpida. Sus padres le enviaron pasajes de avión para que fuera a visitar a unos amigos de la familia en otra ciudad. Como faltaban pocos días para su partida, aceptó quedarse con los niños esa noche. Tal como me había prometido, Sue pasó por mí. Salimos de su auto y ella me tomó del brazo, entramos a su iglesia y nos sentamos juntas en un banco.

Una vez allí, metí la mano en mi bolso para sacar mi pañuelo. Muy a menudo mis lágrimas brotaban de repente, esta vez tampoco pude contenerlas. En silencio, supliqué: "Señor, ¿esta vez me escucharás? ¿Sanarás mi matrimonio? ¿Mi vida?".

El servicio comenzó con canciones. Luego el pastor se dirigió a la congregación con la enseñanza bíblica. Leyó verso tras verso. Algunos me sonaban familiares. Pero a diferencia de una misa Católica, el predicador tomaba más tiempo en cada versículo, los explicaba y detallaba la aplicación de los mismos en la vida cotidiana. Cada explicación tenía sentido y eran muy alentadores. Casi todos los versículos que leyó mencionaron el poder sanador de Dios, su fidelidad y su amor puro.

¿Amor puro? ¿En qué fallé yo entonces? No sentía ese amor. Al contrario, parecía que Dios había puesto su mano castigadora. En mi mente, Dios me había dado este inmerecido dolor, con tanta injusta adversidad. Mientras tocaban una melodía suave de fondo, el pastor invitó a las personas que necesitaban sanidad a que pasaran al frente.

—¿Quieres ir? —susurró Sue.

Acepté y fuimos al frente. Dos mujeres pusieron las manos en mis hombros. Sus fervientes oraciones por mi sanidad me conmovieron. En ese instante, me atreví a creer que Dios me concedería un milagro. Pero cuando ellas terminaron y Sue y yo regresamos a nuestro banco, ¡nada! Ningún cambio. Ninguna sanidad. Una vez más, mi corazón comenzó a gritar de desesperación. "¡Enséñame en qué estoy fallando, Señor! ¿Dónde están tus respuestas, tu compasión?", preguntaba.

Como últimamente ya era costumbre, esa noche Gene no llegó a casa para compartir con los niños antes de que se fueran a la cama. Una vez que los hice dormir, me quedé sola con mis pensamientos. Las imágenes de Gene con otra mujer en lugar de trabajar —como él siempre aducía—, me atormentaban. Me quedé despierta, tratando de reemplazar esas imágenes con los pasajes bíblicos alentadores que había leído el predicador. Hubiera querido tener acceso a ellos, pero, aunque hubiera podido ver, leer la Biblia sería tan extraño para mí como volar un avión.

Para mí, este último episodio con Gene era simplemente la confirmación de que no merecía amor, no tenía ningún valor y que no merecía ser sanada. No merecía el amor de mi esposo ni merecía el amor de Dios. Pero la plática del pastor continuaba resonando en mi mente esa noche, repitiendo una y otra vez que Dios nunca fallaba. El mundo me había fallado, como me había fallado mi cuerpo. Pero en mi situación, me cuestionaba ¿Me atrevería a creer que Él me daría esa clase de amor? Quizás Dios no era cruel, después de todo era compasivo.

Esa inquietud me mantuvo despierta esa noche, sentí un nuevo tipo de hambre en mi interior. No hambre por Gene, ni hambre por salvar nuestro matrimonio, ni siquiera hambre por volver a ver. Anhelaba algo que no podía explicar. Llamé a Sue al día siguiente y le pedí que me avisara la próxima vez que asistiría al servicio de su iglesia, me gustaría volver.

Sue pasó por mí para el siguiente servicio. Como la vez anterior, nos sentamos juntas en el banco. Pero esta vez, en lugar de lágrimas, sentí tranquilidad. A medida que el predicador leía los versículos de la Biblia, sus palabras lograban penetrar mi corazón y me llenaban de una paz que nunca antes había sentido. Me aferraba a cada mensaje que escuchaba. El versículo de más impacto eran las palabras que venían directamente de Jesús: "Buscad primeramente el reino de Dios y su justicia, y todas estas cosas os serán añadidas".

Contuve la respiración mientras esas palabras resonaban en el santuario de la iglesia y en mi mente. Dios me estaba hablando directamente. Él sabía muy bien lo que yo necesitaba y buscaba con todas mis fuerzas. Volver a ver. Recuperar mi matrimonio. Volver a ser normal como antes. Esos eran mis mayores deseos. Nada más importaba.

Pero empecé a entender que el orden de esas prioridades había estado al revés. Búscame primero, me decía Dios. Bajé la cabeza y mis lágrimas comenzaron a brotar. Pero esta vez mi llanto era de gratitud, arrepentimiento, claridad y esperanza, ¡todo al mismo tiempo! En mi corazón clamé: "Señor, ¿cómo te busco a ti primero? Muéstrame, Dios. Estoy muriendo por dentro."

Aunque mi visión física ya no funcionaba, con mi corazón podía ver claramente que Dios me señalaba el camino hacia adelante. La desesperación se apoderó de mí nuevamente. Esta vez estaba desesperada por saber más de Él, y de volver a sentir esa paz maravillosamente extraña que había sentido. Me incliné hacia Sue.

—¿Dónde encuentro ese versículo? —le pregunté.

—En Mateo 6:33 —me dijo—. Te ayudaré a encontrarlo.

No solo me ayudó a encontrarlo, sino que encontró la Biblia completa en audio. Esos dos estuches llenos de casetes me intimidaron al principio. Aprovechaba cualquier oportunidad que se me presentaba, ya sea mientras mis hijos estaban en la escuela, durmiendo o jugando afuera. A veces del Antiguo Testamento, a veces del Nuevo. Después de semanas y semanas de recibir en mi corazón lo que Dios me decía, me convertí en una experta en rebobinar las partes que más me conmovían. Asimismo, memoricé pasajes para poder repetirlos durante el día.

Una tarde, sentada en la mesa de vidrio que teníamos en el patio de atrás, escuchando la Biblia, levanté la cabeza y miré hacia arriba. El sol me acariciaba la cara y los brazos, para mí el cielo ahora era un velo gris, en lugar de las nubes blancas como algodón que salpicaban los cielos azules como cuando los podía ver y disfrutar. Mientras escuchaba un capítulo del libro de los Salmos, reflexioné sobre lo oscuro que se había vuelto mi entorno. En ese preciso momento, el Salmo 119, versículo 105 llamó mi atención: *"Tu palabra es una lámpara a mis pies; es una luz en mi sendero"*.

Rebobiné ese verso una y otra vez hasta grabarlo en mi corazón. De pronto, con un jalón, me quité los audífonos, hundí mi cara entre mis manos y comencé a llorar. "¡Gracias Señor!, gracias por decirme lo que necesitaba escuchar. Tu Palabra es toda la luz que necesito. Tú me guiarás. Tú dirigirás mis pasos."

Escuchar su palabra, comprender y derramar lágrimas de gozo y agradecimiento a Dios por su consuelo, pronto se convirtió en una rutina para mí. Cada día y semana que pasaba, guardaba en mi corazón lo que Él me prometía. Él tenía planes para mi vida, que no eran para lastimarme sino para prosperar, darme esperanza y un futuro (Jeremías 29:11). Me aseguró que su amor nunca me fallaría, que su tiempo es perfecto, y que su sanidad es segura. No más tropiezos en el terreno de decepciones dolorosas. Al contrario, caminaría firmemente sobre las promesas de Dios.

Una tarde, mientras doblaba la ropa en la sala de estar, escuché un programa de televisión Cristiano llamado Club 700. La anfitriona, Sheila Walsh, ofreció un número de teléfono para quienes necesitaran oraciones. Para entonces, memorizar números de teléfono era muy fácil para mí. Llamé y una voz dulce y suave me preguntó: "¿Has invitado a Jesús a ser tu Salvador personal?".

¿Invitar a Jesús? No, no lo había hecho. Ni siquiera sabía que debía hacer eso. Bien sabía yo que el murió por nuestros pecados, y quienes creen en Él, serán salvos. Pero nunca antes lo había declarado en voz alta.

Lo hice ahí, en ese mismo momento. Declaré que Jesús el Señor de todo. De mi ceguera. De mi matrimonio. De cada detalle de mi vida. Pero lo que sucedió a continuación me sorprendió incluso a mí.

CAPÍTULO DIECISÉIS

PUNTO DE INFLEXIÓN

"¿Quién es el que vence al mundo?
Solo el que cree que Jesús es el Hijo de Dios."

1 Juan 5:5

Como era de suponer, la pérdida de mi vista hizo que mi audición se agudizara. Una noche, puse un sándwich de pavo y queso delante de Jason, el mayor de mis hijos. Mientras masticaba con gusto, empezó a hablar.

—Amorcito, habla después de que termines de masticar —le dije con una sonrisa.

—Se me olvidó —dijo—. Sabías que eres la única mamá en el mundo que puede cocinar sin prender la luz?

Le di un beso en la mejilla.

—Genial, ¿no? —le contesté.

Me encantaba que mis hijos vieran el lado positivo de la ceguera de su mamá. Joe, el menor, tenía sus propias observaciones. Un día, mientras yo bajaba las gradas al sótano, le escuché hablar con sus amigos.

—¿Saben qué? —dijo Joe— Mi mamá tiene ojos en la punta de sus dedos!

Contuve la risa, sabía que él pensaba así porque veía como yo me movía por aquí y por allá pasando los dedos por encima de todo a fin de encontrar artículos y muebles que me sirvan como punto de referencia. Jeff, el del medio, también encontraba el lado positivo de mi ceguera.

—Mamá, ¿podrías venir un día a mi clase? Mi profesora quiere que nos enseñes cómo haces las cosas sin tener vista.

Comencé a tomar turnos para visitar sus aulas. Todas las profesoras se ponían contentas con la demostración que hacía a sus estudiantes para que aprendieran cuántas cosas se pueden lograr sin tener vista. Les mostraba cómo separo las monedas y billetes por su valor. También como camino usando el bastón blanco. Cómo sentía con las yemas de mis dedos la textura de la tela de mi ropa para identificarlas y poder combinarlas, ya que me aprendía de memoria el color de cada prenda.

Mientras los tres estaban en la escuela, me concentraba en llenar mi mente y corazón con conceptos bíblicos que pasaban en programas cristianos, como "Enfoque a la familia". Trataba de poner en práctica esas enseñanzas en mi papel de mamá. Un día, mientras vaciaba el lavaplatos, escuché decir al evangelista Charles Stanley: "Puedes seguir los planes de Dios y vivir una vida victoriosa, emocionalmente rica y abundante, o puedes seguir tus propios planes y vivir una vida emocionalmente vacía y llena de ansiedades".

Yo había estado viviendo la segunda. Con un suspiro profundo, pensé y sentí el gozo que representaba el seguir el camino de Dios en mi nueva vida. Ya no estaba temerosa ni en tinieblas, comenzaba a sentir confianza, seguridad y sabiduría. Justo en ese momento, alguien tocó la puerta interrumpiendo mi sesión de aprendizaje y me acerqué.

—¿Quién es? —pregunté.

—Soy yo.

Inmediatamente reconocí la voz de Christy, la vecina que vivía al frente, quien últimamente había llegado a ser una muy buena amiga. Me ayudaba a recoger los juguetes, compartía recetas conmigo y a veces, nos íbamos de compras juntas. Abrí la puerta, y le hice señas para que entrara.

—Prométeme que hoy vamos a platicar, nada de recoger juguetes, ni limpiar —le advertí.

—Está bien, está bien —dijo mientras entraba a casa—, es solo que no quiero que te tropieces con los juguetes de los niños.

Christy se sentó en la cocina y yo me dirigí hacia el gabinete.

—¿Qué te parece una taza de té?

—Suena bien —dijo—, pero yo lo preparo.

—No, yo lo haré —le dije con un guiño—, puedes confiar en mí.

Mientras poníamos miel en nuestras tazas, platicamos de nuestros hijos, de las vecinas y de los últimos descuentos en nuestras tiendas favoritas. De pronto se puso seria.

—Cuéntame, algo está pasando, te veo muy feliz, y tu sentido del humor ha vuelto —observó.

—¿Quieres saber mi secreto? —le dije.

—¡Claro que sí! —dijo traviesa—, ¿qué has estado haciendo?

Pasando las yemas de los dedos hasta el final del mostrador, di unos golpecitos en la caja de casetes.

—Esto es lo que está pasando, ¿sabes qué es esto?

—¿Mmmm, estás escuchando música? —trató de adivinar.

—Sí, se podría decir que es música para mi corazón —le sonreí—. Estos son casetes con la Biblia. Es una locura. No puedo parar de escucharlos.

—Nunca he tratado realmente de leer la Biblia —me confesó—. Me resulta demasiado complicada.

Sentada frente a ella, comencé a remover la miel que había puesto en mi té.

—Es exactamente lo que yo sentía. Pero cuando tu corazón está hambriento y vacío como estaba el mío, muchas cosas empiezan a tener sentido. Ahora cada vez que la escucho, es como si Dios me estuviera hablando directamente .

—¿Gene también la lee? —me preguntó.

Suspiré profundo.

—Él se encuentra en otro nivel en estos momentos. No creo que esté interesado.

Sentí alivio cuando Christy no hizo más preguntas sobre mi esposo. Ella no tenía ni idea de que nuestro matrimonio estaba a punto de derrumbarse. Le ofrecí todo mi corazón a Dios, mi Señor y confidente divino, pero no lo hice con ninguna amiga, ni siquiera a Christy.

—Adivina qué —dijo Christy—, habrá una fiesta de demostración de productos de maquillaje Mary Kay en mi casa, y tu asistirás.

Le lancé una mirada de "¿hablas en serio?".

—¿Maquillaje? ¿Qué haría yo con eso?

Me dio una palmada en la mano.

—Quien sabe, podría gustarte. Tal vez lo puedas hacer.

Acepté su invitación. Ese día, me senté con otras cinco mujeres alrededor de la mesa del comedor de Christy. La representante de Mary Kay explicó los pasos para el cuidado adecuado de la piel y las formas de aplicar la sombra y el delineador de ojos.

—Oye, amiga, pásame ese delineador de ojos —le dije—, déjame ver qué puedo hacer.

Yo sólo estaba bromeando, pero ellas pusieron el lápiz en mi mano. Coloqué cuidadosamente la punta en la base de mis pestañas y tracé la línea. Abrí mis ojos y volteé la cara hacia ellas.

—¿Qué opinan?

—¡Qué locura, Janet! —dijo una de ellas— ¿Cómo lo hiciste tan bien? Ni siquiera puedes...

La interrumpí con una gran sonrisa.

—¡Cuidado amiga! La envidia es una cosa muy fea. ¿Alguien puede pasarme un rizador de pestañas?

Alguien puso uno en mi mano. Lo levanté a la altura de uno de mis ojos y puse mi sonrisa pícara.

—¿Quién apuesta a que puedo hacerlo?

Todas rieron estrepitosamente. Pero luego se hizo un silencio profundo mientras presioné el rizador en mis pestañas. Parpadié y se las mostré: "Voilá".

Aplicar el rímel y la sombra de ojos fue también algo sencillo ya que podía usar la brocha como guía. La risa y cumplidos de mis amigas me animaron. Pero en mi mente seguía el asunto de mi matrimonio sin resolverse. Dejé de desear que Gene me buscara. Ya no quería lo que me ofrecía. Ni sus besos, ni sus abrazos, o sus susurros que me decían cuanto me quería. Ya no lo soportaba sabiendo que venían de un hombre confundido y débil para resistir los deseos inmorales.

Una noche, echada sobre mi costado en nuestra cama tamaño king, su voz interrumpió mis pensamientos.

—¿Podemos hablar?

Le di la espalda.

—Si, pero no ahora, tal vez mañana. Estoy demasiado cansada —le contesté.

Al día siguiente, después de que mis hijos y yo terminamos de cenar, ellos salieron corriendo a jugar. Levanté los platos de la mesa y tomé la toalla para limpiar el mostrador. De pronto, el sonido de la puerta del garaje abriéndose me sorprendió. Era demasiado temprano para que Gene estuviera en casa, pero para mi sorpresa, él entró a la cocina.

—Llegué a casa —dijo con un tono sombrío.

Yo continué con la limpieza.

—Ya sé.

—¿Podemos hablar ahora? —me preguntó.

Tiré el trapo en el lavaplatos y agarré una toalla. Mientras me secaba las manos, me apoyé en el mostrador con el rostro dirigido a él.

—Estoy escuchando —le dije.

—Tenemos que tomar una decisión.

—Yo ya tomé la mía —le dije—. Si bien recordarás, yo no te obligué para que te cases conmigo. Y tampoco te obligaré a que te quedes conmigo —respiré profundamente antes de continuar—. Si eliges irte, los chicos y yo estaremos bien. Ahora yo también tengo a alguien en mi vida. Alguien en quien puedo confiar. Alguien que no me dejará ni me traicionará. Su nombre es Jesús. Yo estaré bien, si deseas puedes irte.

—¿Estás tratando de deshacerte de mí?

Asentí.

—Estoy tratando de deshacerme del hombre en el que te has convertido. Pero daría la bienvenida al hombre que solías ser.

Gene no dijo nada. Sólo escuché sus pasos cuando se desvanecían por el pasillo. Unos días después, bajó a la cocina.

—Les estoy preparando el desayuno a los chicos —anunció.

—¿No vas a trabajar? —le pregunté desconcertada. Mientras Gene sacaba los pocillos, cucharillas y servilletas.

—No voy a trabajar porque presenté mi renuncia.

Me quedé sin palabras. ¿Por qué dejaría un puesto tan bueno? ¿De qué viviríamos ahora? ¿Será que consiguió otro trabajo?

Acercándose a mí, Gene me tomó de las manos.

—Quiero dejar todo atrás. No voy a volver a la empresa, ni a ella, ni a nada relacionado con ella. Si me lo permites, me comprometo a dedicarme a ti y a los chicos. No quiero nada más.

¿Qué debía hacer yo? ¿Abrazarlo y aceptarlo de vuelta? ¿O debía aguardar para pensar y responder?

CAPÍTULO DIECISIETE

DELICIOSA RESTAURACIÓN

"Yo les compensaré a ustedes por los años en que todo lo devoró ese ejército de langostas que envié contra ustedes; las grandes, las pequeñas, las larvas y las orugas... Ustedes comerán en abundancia, hasta saciarse, y alabarán el nombre del SEÑOR su Dios que hará maravillas por ustedes".

Joel 2:25—26

Trataba de digerir lo que Gene me acababa de anunciar mientras miraba en su dirección. Luego con voz tranquila y calmada.

—Quiero entender lo que acabas de decirme. ¿Recién recibiste ese ascenso en tu empresa, y ahora decidiste renunciar? —le pregunté.

—Sí, eso es precisamente lo que dije —me aclaró con aplomo—. Quiero demostrarte que nada más me importa ahora. Solo tú y los chicos.

Mi antigua yo —insegura, vacía y hambrienta por ser aceptada—, lo hubiera abrazado con fuerza y expresado mi gratitud por su decisión. Durante los meses después de que confesó su infidelidad, mi enfoque cambió. Mi nueva vida con Jesús en mi corazón me había transformado. Ya no era más esa vulnerable y destrozada muchacha. Dios me infundió plena confianza y seguridad en mí misma. Mi ceguera no definía quién era yo. Dios lo hacía. Yo era su hija, poseedora de significado, propósito y valor.

Cuando iniciaba mi matrimonio, creí que con Gene sería una persona completa. Imaginé erróneamente que él sería la fuente de mi alegría, felicidad y seguridad. Y estaría igualmente equivocada si permitiría que su infidelidad y rechazo anularan el valor que había encontrado en mí. Pero ahora caminaba sobre terreno firme. Mi rutina diaria era interiorizarme en la palabra de Dios. Así fue como Él me abrió los ojos del corazón. Esto a su vez me enseñó a tener audacia y sabiduría.

Cuando estaba a punto de responder al anuncio de Gene donde me informaba de su nuevo compromiso con nuestra la familia, las voces de nuestros hijos desde el patio trasero me llamaron la atención. Ellos me recordaron que necesitaban a su padre. Pero igual de importante, yo necesitaba ser fuerte y firme para establecer límites no negociables. Gene apretó mis manos.

—¿Me aceptas de vuelta? —me preguntó.

Su voz sonaba suave y aparentemente genuina, pero me solté de sus manos.

—Tú y yo juntos no lograremos nada por nuestra cuenta —le expliqué—. Si queremos seguir adelante, tenemos que poner a Jesús al centro de nuestro matrimonio.

Gene levantó mi mano y la besó.

—Por supuesto, estoy de acuerdo.

Sonreí levemente.

—Y tenemos que empezar a orar juntos —le dije.

Me abrazó y concluyó con un: "Te prometo que lo haremos".

No podía confiar en sus promesas. No todavía. En su lugar, confiaría en la Palabra de Dios, que me aseguraba que Él me daría todo lo que necesitaba si continuaba buscándolo a Él primero (Mateo 6:33). Escuchar la Biblia y guardar la Palabra de Dios en mi corazón se había convertido en algo tan necesario como respirar. Empezar la nueva rutina con Gene no fue fácil. Dejar atrás la costumbre de repetir oraciones memorizadas como lo hacíamos antes en la Iglesia Católica le costó mucho. Leer la Biblia juntos era algo nuevo y desconocido para nosotros. Pero perseveramos. Todavía asistíamos a la misa dominical como familia. Gene apoyaba mi participación en un estudio bíblico por las mañanas con otras señoras. Estuvo también de acuerdo en escuchar juntos enseñanzas cristianas.

Una noche, mientras volvíamos a casa, escuchamos el programa radial llamado "Enfoque a la familia". El locutor invitaba a los esposos para que asistan a una conferencia en la que podían renovar sus votos de Fe en Dios y en sus matrimonios.

Gene me dio unas palmadas en la mano.

—Creo que quiero asistir —me dijo—. ¿Qué opinas?

Mi corazón saltó de alegría al escuchar esas palabras. Lo miré con una gran sonrisa.

—¡Absolutamente! —le contesté.

En esa conferencia, junto con cientos de otros hombres, Gene le entregó su corazón a Jesús. Cuando me contó de su decisión, recordé el mismo versículo de la Biblia que había cambiado mi vida. Dios había declarado Su promesa de que, si lo buscábamos primero, Él aumentaría todas estas cosas. La salvación de Gene fue una hermosa confirmación de la fidelidad de Dios.

Por otro lado, El Señor iba a poner a prueba mi propia fidelidad a Su Palabra. Yo tenía que obedecer las instrucciones de Dios acerca del perdón. Mi corazón estaba vacío gracias al resentimiento, venganza y la ira y estaba lista para ofrecer a Gene un perdón genuino y completo. Me comprometí en seguir adelante con el nuevo hombre en el que mi esposo se había convertido.

Semanas después, Gene recibió una llamada de una empresa reclutadora ofreciéndole un trabajo cerca de casa. No solo era un trabajo ideal para él, sino para mí también, ya que me permitiría quedarme en casa, ciega, pero inmensamente feliz dedicándome a tiempo completo a mis hijos.

Desarrollé una rutina que funcionaba. Cuando comenzaba a cocinar, ya no me angustiaba por seguir recetas, sino tenía propias y con ingredientes saludables. Cuando servía mi espagueti casero, los niños prácticamente lamían sus platos. La manera en la que marcaba cajas en la alacena, separaba las conservas y añadía especias, me permitía el uso cada vez más eficiente de mi tiempo. Disfruté de mis logros, no solo en la cocina, sino también en la limpieza de la casa y en la más importante tarea de vigilar las actividades constantes de los niños.

Gene llegaba todas las noches a casa, comíamos una cena rápida y luego llevaba a los niños a sus actividades deportivas o a reuniones de Boys Scouts. Jugaba con los niños a atrapar la pelota en el jardín trasero. Ir de compras y trabajar en la jardinería lo mantenía ocupado los fines de semana. Aunque nuestra vida se volvió maravillosamente activa, Gene y yo nos dábamos modos para asistir a conferencias de encuentros matrimoniales, estudios bíblicos y reuniones de grupos pequeños en la iglesia. No faltaron amistades que se ofrecían llevarme a las sesiones de oración.

Pero mientras todo parecía marchar bien, nuestra preocupación por la posibilidad de que nuestros hijos hereden mi enfermedad de la retina estaba latente. Un día, al regresar a casa de una sesión de matrimonio, hablamos.

—He estado pensando que los niños tienen la edad suficiente para hacerles una prueba de la vista —le dije a Gene.

—Lo sé —dijo Gene con voz triste—. Incluso si no hubiera nada que podamos hacer al respecto, necesitamos saberlo.

Llevamos a los niños al mejor oftalmólogo en St. Louis. Los tres se sometieron a las incómodas pruebas con valentía. La retina de Jeff y Joe no tenían ninguna señal de RP, pero en Jason, se mostraban algunas señales. Cuando escuché la noticia, luché para superar la pena aferrándome a las promesas de Dios. La misma promesa que me había dado fuerza y ahora me aseguraba que Él sería el guía y el sanador divino de Jason. En lugar de preocuparme, decidí poner a Jason en las manos de Dios.

Una noche, cuando volvía a casa después de una sesión de oración. Entré a la sala donde Gene y los tres niños veían televisión. Levanté a Joe —el menor— en mis brazos y lo hice girar en el aire.

—¿Mi dulce niño se portó bien con papá? —le pregunté.

Joe sólo se rió. Mientras lo ponía nuevamente en el piso, extendí la mano hacia Jason y Jeff y les dije a los tres.

—Vamos amorcitos, hora de bañarse. ¿Quién quiere ser el primero en poner las burbujas en la bañera?

—¡Yo! —gritaron los tres al unísono.

Tomé la mano de Jeff.

—Entonces vamos arriba. Después de bañarse, les contaré historias de la Biblia —les dije a los tres.

—¿Necesitas ayuda? —preguntó Gene.

Él sabía muy bien que yo me las arreglaba para cumplir con facilidad la mayoría de las tareas con los niños.

—No, gracias —le respondí—, todo bajo control.

Más tarde en el silencio de la noche, mi corazón rebosaba de gratitud. Pensé en la Palabra poderosa y confiable de Dios cuando me había prometido sanar y restaurar. Dios había sanado algo mucho más importante que mi vista. Me había dado sabiduría para poder ver más allá de mis circunstancias, para cambiar mis prioridades. Él me había mostrado la belleza de una vida libre de temores e inseguridades. Llegué a disfrutar del gozo de atesorar lo que tenía, y no lamentarme de lo que había perdido.

CAPÍTULO DIECIOCHO

UN NUEVO CAPÍTULO

"Pon tu alegría en el Señor, Él te dará lo que ansió tu corazón."

Salmo 37:4

Me di cuenta de que las únicas dos cosas que realmente había perdido eran mi desesperación de volver a ver y mi ansiedad por no poder disfrutar de la vida que había soñado. Ahora, en cambio, no podía esperar para ver lo que me deparaba el futuro. Mientras más escuchaba los versos de la Biblia acerca de los planes y propósitos para los hijos de Dios, ansiaba cada vez más saber cuáles serían sus planes para mí. ¿Qué haría con mi vida una vez que mis hijos se fueran de casa para formar sus propias familias? Siendo ciega, ¿qué clase de trabajo podría hacer?.

Había recibido mi titulo universitario en Administración de Empresas, pero sin poder ver, me parecía imposible trabajar en una oficina. En lugar de eso, decidí que trabajaría en abrazar las promesa de Dios para satisfacer nuestros deseos. La Palabra de Dios nos dice: *"Pon tu alegría en el Señor, Él te dará lo que ansió tu corazón." (Salmo 37:4)*. Con plena seguridad, sabía que Él conocía mis deseos. Lo único que quedaba por hacer era esperar con fe y paz en mi corazón.

Una tarde una amiga me llamó para pedirme un favor. Quería que tradujera al inglés unas grabaciones que tenía en español. Pan comido para mí, dado que mi idioma materno era el español. Cuando terminé la llamé y ella se llevó los casetes. Después de escuchar la traducción que hice, me llamó.

—Otras traductoras me ayudaron antes, pero nadie lo hizo tan bien como tú.

Sonreí.

—¿Tienes más grabaciones? —le pregunté.

—No, por el momento. Pero cuando tenga más, serás la primera en saberlo. ¿Habías considerado alguna vez trabajar como intérprete?

¿Intérprete? ¿Yo? Lo que había hecho por mi amiga no requería mucho esfuerzo por mi parte. Simplemente escuché el material en español e hice las grabaciones en inglés. Pero la interpretación simultánea implicaba destrezas que yo no poseía. Me sentía igual que Josué cuando fue llamado por Dios para que guiara a los israelitas a la tierra prometida, después de la muerte de Moisés. El Señor le dijo: *"¿No te lo he encomendado? Sé fuerte y valiente. No tengas miedo ni te desanimes, porque el Señor, tu Dios, te acompañara dondequiera que vayas." (Josué 1:9)*

La tarea de Josué era ser fuerte y valiente. La promesa de Dios era estar con él dondequiera que fuera. Si Dios hizo aquello por Josué, Él lo haría por mí también. Con ese coraje, busqué el teléfono de la compañía de interpretación más grande en St. Louis, y los llamé.

—Sí, estamos contratando intérpretes para español —me dijo la recepcionista—, tendrá que someterse a un examen para evaluar sus habilidades.

¿Un examen? Inmediatamente me arrepentí de no haber aprendido braille. Unos meses antes, Peggy, una profesora no vidente, había venido a casa. Colocó un enorme libro en braille delante de mí y me dijo: "Comencemos con el alfabeto".

Puse todo el esfuerzo que pude y aprendí todas las letras braille. Pero cuanto más explorábamos la variación de los puntos y sus posiciones, yo perdía interés. Cerrando el libro, me volví hacia Peggy y le dije: "¿Qué te parece si dejamos a un lado este asunto de braille, y más bien nos hacemos amigas?". Se rio y me dijo: "Claro que sí".

Ese fue el comienzo y el fin de mi experiencia con braille. Pero ahora que tenía que dar un examen, saber leer braille podría haber sido muy útil.

—Es una prueba oral —la recepcionista aclaró rápidamente—, y tenemos tiempo para recibirla mañana, si está interesada.

Al segundo que escuché la palabra "oral", estaba convencida. Le contesté que ahí estaría.

Como siempre, mi dulce mamá se ofreció para llevarme. Al entrar al edificio donde tenía la entrevista, me puse un tanto nerviosa. Pero tal como Dios le prometió a Josué, sabía que Él estaría conmigo, no tenía nada que temer. Me relajé lo suficiente como para concentrarme en cada parte que leían para mí. Sin mayor inconveniente, lo pude hacer.

Al día siguiente, la recepcionista llamó.

—Quería darle los resultados de su prueba.

Tragué saliva con dificultad.

—¿Lo aprobé?

—Oh, sí que lo hizo. Su puntuación es impresionante. Nos gustaría enviarla al tribunal de Inmigración y Naturalización mañana para su primera tarea.

Casi doy un salto de alegría. Aunque esta oportunidad era un gran desafío para mí, Dios claramente me estaba abriendo las puertas a esta nueva aventura, y yo estaba ansiosa por empezar. Cuando Gene llegó a casa, le di las buenas noticias. Me abrazó con fuerza diciéndome: "Estoy tan orgulloso de ti. Y que conveniente, los tribunales están a solo unas cuadras de mi oficina, yo te llevo".

Para ese entonces, había aprendido a usar el bastón blanco. Fuera de servirme para guiar mis pasos, ese bastón fue el que me ayudó a pasar del orgullo a la humildad. Inicialmente me había resistido a esa etapa de ceguera. Usar el bastón blanco, para mí, era admitir ante el mundo entero que pertenecía al triste grupo de "los ciegos". Pero una vez que limpié las manchas de orgullo de mi corazón, la humildad y la gratitud las reemplazaron.

A la mañana siguiente nuestros hijos estaban sentados en la mesa de la cocina, masticando su cereal. Cogí el plato de Jason y lo apuré.

—¿Terminaste, cariño? Hoy tenemos que darnos un poco de prisa, mami tiene que ir a interpretar.

—Ya terminé —respondió. Se levantó de la mesa y agregó confundido—. Pero, ¿qué es interpretar?

Le entregué su mochila.

—Cuando alguien no habla inglés, necesita un intérprete que le diga en español lo que se está diciendo en Inglés —le expliqué.

Mientras llevaba los platos vacíos hacia el lavaplatos, Gene me los quitó de las manos.

—Yo te ayudo, termina de arreglarte mientras yo los llevo a la escuela.

Me dirigía hacia las escaleras.

—Tengo que encontrar un traje que luzca profesional —le dije.

Gene se puso a lavar los platos.

—Los deslumbrarás cariño, no importa lo que te pongas —me dijo.

Me apresuré a subir y entré al baño. No era necesario encender la luz ni usar el espejo tampoco. Saqué mi estuche de maquillaje, primero la sombra para los ojos, luego el rizador de pestañas, el delineador y por último el rímel. El proceso se había hecho fácil.

Me había pintado las uñas la noche anterior y ahora estaba lista para escoger el traje adecuado. Una vez en mi armario, pasé la mano por la ropa colgada para hacer mi selección. Cada vez que compraba una nueva prenda de vestir, pedía una pequeña descripción de la misma a quien me acompañaba. Me aseguraba de memorizar la textura, la forma del escote, botones, color y si tenía alguna peculiaridad. Con toda esa información en la cabeza, no necesitaba ninguna ayuda. Aplicaba el mismo proceso para escoger mis joyas y zapatos. Esa mañana, elegí un traje gris con ribetes negros y zapatos negros.

Gene me llevó al tribunal ubicado en el centro de St. Louis. Me acompañó adentro del edificio, y me senté en un asiento fuera de la sala que me habían asignado, puse mi bolso en mis faldas, el bastón blanco a mi lado. A solas, en ese entorno desconocido, los pensamientos de duda y temor me atacaron uno por uno. Justo el día anterior, había estado doblando ropa en casa. Ahora estaba a punto de entrar a una sala del tribunal real. Tragué saliva y comencé a analizar la incómoda realidad.

Lo que sucedió a continuación debería incluirse en el libro de los milagros.

CAPÍTULO DIECINUEVE

PUERTAS ABIERTAS

"Ahora bien, sabemos que Dios dispone todas las cosas para el bien de quienes lo aman, los que han sido llamados de acuerdo con su propósito".

Romanos 8:28

Fue un tanto difícil poder controlar mis nervios mientras esperaba que me llamen para comenzar la sesión en la sala del tribunal. ¿Qué estoy haciendo aquí? No tenía conocimiento alguno sobre interpretación, terminología legal o incluso lo que sucedía en tales procedimientos. Si los teléfonos celulares hubieran estado disponibles en ese entonces, con seguridad habría llamado a Gene para que me sacara de ese lugar.

Me sentí atrapada en una situación que me intimidó. ¿Qué haría si escuchaba una palabra desconocida? ¿Qué pasaría si cometía un gran error ante los abogados y ante el juez? Cuanto más pensaba en mi crítica situación, más se me revolvía el estómago. Sin importar lo incómoda que me sentía, no tenía escapatoria.

Pero de repente algo cambió, me acordé de un versículo de la Biblia que hablaba acerca de nuestros pensamientos: *"Por lo demás, hermanos, fíjense en todo lo que encuentren de verdadero, noble, justo y limpio; en todo lo que es fraternal y hermoso, en todos los valores morales que merecen alabanza. Pongan en práctica todo lo que han aprendido, recibido y oído de mí, todo lo que me han visto hacer, y el Dios de la paz estará con ustedes." (Filipenses 4:8-9)* En ese momento, aunque no podía recordar las palabras exactas o la referencia bíblica, la tranquilidad de Dios llenó mi corazón.

Nuevos pensamientos reemplazaron el miedo y la preocupación. Oré en silencio: "Señor, tu Palabra es lo que es excelente, tus promesas son dignas de alabar. Confío en ti y sé qué harás por mí lo que yo no puedo hacer por mí misma".

—¿Sra. Eckles? —el secretario del tribunal interrumpió mis oraciones—. Estamos listos para que pase a la sala.

Colgué mi bolso en el hombro y agarré mi bastón.

—¿Puedo tomarle del brazo para guiarme? —le pregunté.

—No hay problema —su brazo rozó ligeramente el mío—, aquí lo tiene.

Extendí la mano hacia adelante y encontré el respaldo de la silla y me acomodé en ella. Momentos después, escuché voces que identificaban donde estaban sentados los demás participantes. Mi frente comenzó a sudar cuando me di cuenta de que era la única mujer en la sala. "Confío en ti Señor", oré en silencio.

La sesión comenzó. Nadie indicó cuándo debía empezar a interpretar. Pero cuando el juez me pidió que levantara la mano derecha y tomara el juramento de intérprete, supuse que ésa era la señal. A partir de ese momento, repetía en español todo lo que decían los abogados en inglés. Cuando el entrevistado hablaba en español, yo lo repetía en inglés. A medida que avanzaba la sesión, mi tensión fue aumentando. Fue entonces que la misericordia de Dios llegó hacia mí, el juez golpeó su mazo.

—Tomaremos un receso de diez minutos —ordenó.

Estaba lista para abrazar al juez por dar una pausa a mi tortura, pero mi tranquilidad duró poco. El juez volvió a hablar con la autoridad de un sargento estricto.

—Señora intérprete, acérquese al estrado.

Tragué saliva mientras sostenía mi bastón. Cuando me puse de pie, el alguacil me tomó del brazo y me guió hacia el juez. Traté de hablar con tono profesional, pero mi voz todavía temblaba.

—¿Su Señoría?

La voz del juez se volvió inesperadamente suave.

—Sólo quería que sepa que yo también soy bilingüe y aprecio su precisión y profesionalismo.

En ese momento solo quería saltar y gritar de felicidad, pero en su lugar bajé la cabeza de manera servil.

—Gracias, Su Señoría.

Después de la sesión, un leve golpe en mi hombro me sorprendió. Colocando una tarjeta de presentación en mi mano, un señor me habló.

—Aquí tiene mi tarjeta. Por favor llame a mi oficina. Me gustaría tener su información de contacto para otras audiencias.

¿Audiencias? Es así como aprendí el nombre de esas sesiones. Me volví hacia él y le agradecí.

Por fin pude relajarme, mi corazón rebosaba de gratitud por la bondad de Dios. Gene me recogió y nos fuimos a casa.

—¿Cómo te fue? Cuéntame todos los detalles —me preguntó estando en nuestro coche.

—Casi me muero de nervios al principio. Pero Dios fue muy bueno conmigo. No sé qué más decir. El juez dijo que lo hice bien.

—Amor, lo hiciste más que bien, te conozco —apretó mi mano y continuó—. No hay nada que no puedas hacer, y todo lo haces excelentemente. Su forma de expresarse siempre me había impresionado, pero fue su total apoyo lo que me conmovió.

Ya había pasado un año desde que perdí la vista. Durante todo ese tiempo, fui desarrollando mi creatividad para encontrar varias maneras de realizar cualquier tarea. No podía escribir ninguna información, así que aprendí a confiar en mi memoria. Desarrollé el hábito de guardar en mi mente fechas importantes para citas, así como números de teléfonos: de la escuela de los niños, de vecinos, de parientes, de la farmacia local, de los médicos e incluso la pizzería local.

Esa práctica hizo que memorizar la terminología legal y su equivalente en español fuera una tarea sencilla. Además tenía otra ventaja. Mi concentración —sin distracciones visuales— me permitió llegar a un nivel alto de exactitud cuando interpretaba. Aprovechaba toda oportunidad para practicar. Cada vez que la televisión estaba encendida o cuando escuchábamos programas de radio, comenzaba a interpretar mentalmente todo lo que se decía.

También le pedí a Gene que buscara en el diccionario bilingüe algunos términos desconocidos para poder agregarlos a la lista que había archivado en mi memoria. Así fue naciendo en mí el deseo de llegar a un nivel de excelencia en interpretación. Al poco tiempo, empecé a recibir cartas elogiando mi trabajo de parte de jueces y abogados, y alentándome a recibir más tareas.

Mirando hacia atrás, no hay duda que era Dios quien había permitido que mi deseo —de ser productiva durante las horas que los niños pasaban en la escuela— se cumpliera. En mis limitadas expectativas, anhelaba adoptar un pasatiempo o pertenecer a alguna organización, pero nunca imaginé tener una carrera como intérprete. Dios me había abierto las puertas de par en par al sorprenderme con esta habilidad y al mismo tiempo, enfatizar su promesa: *"Mas bien, busquen primeramente el reino de Dios y su justicia y todas estas cosas les serán añadidas". (Mateo 6—33).*

Una noche, mientras limpiaba la cocina, Gene llegó a casa del trabajo, colocó su computadora sobre el mostrador.

—¿Cómo estuvo tu sesión de interpretación hoy? —me preguntó.

—La sesión salió bien —le dije—, pero el taxi tardó una eternidad. Me preocupa no estar aquí cuando los niños llegan de la escuela.

—Ellos estarán bien. No es algo que pasa a diario.

—Lo sé —le dije mientras terminaba de limpiar el mostrador—. Pero pienso que tal vez debería posponer este trabajo de interpretación hasta que crezcan un poco más.

Gene tomó la toalla de mis manos y la arrojó al lavaplatos, luego me levantó la barbilla con la punta de los dedos.

—Escucha, ¿no eres tú la que siempre me dice que ore al respecto? —me dijo.

Sonreí con gusto y asentí. No solo porque tenía razón, sino porque era obvio que él no tenía dudas al expresar su convicción de buscar primero a Dios. Un día, mientras escuchaba algunos versículos de la Biblia, su palabra decía que Él conoce bien nuestras necesidades incluso antes de que nosotros las mencionemos. Un día, antes de que empiece una de mis sesiones de interpretación, entré a la sala del tribunal.

—Janet, déjame ayudarte —me dijo uno de mis colegas mientras se sentaba a mi lado—. ¿Sabías que hay una empresa que ofrece servicios de interpretación por teléfono?

—¿Por teléfono? —le pregunté.

—Parece una locura, ¿no? Pero es un nuevo concepto ya que los intérpretes pueden trabajar desde sus casas. Todo se hace por teléfono.

—¿De verdad? Eso suena estupendo —le dije pensando en la posibilidad de seguir haciendo lo que tanto me gustaba y no tener que salir de casa.

Esa misma tarde obtuve el teléfono de la empresa y me contacté con ellos. Con todo profesionalismo, les detallé toda mi experiencia en la variedad de procedimientos legales en los que había interpretado.

—Me gustaría aplicar para la posición de intérprete al español —le propuse.

—¡Por supuesto que sí! —me contestó con entusiasmo la voz al otro lado del teléfono.

Como vivíamos en St. Louis y la empresa estaba ubicada en California, toda la entrevista se realizó por teléfono. Gene me ayudó a llenar la solicitud y unos días más tarde la compañía me entrevistó por segunda vez. Después de un breve examen para comprobar mis habilidades, me ofrecieron el trabajo de inmediato. Era otro sueño hecho realidad. Ahora podía interpretar por teléfono sin tener que salir de casa. La inmensa emoción que sentía dentro de mí, casi me hizo bailar el cha-cha-cha. ¡Gracias Señor!

Sin embargo, había un detalle que no había mencionado a mis nuevos empleadores: el hecho de que yo era no vidente. Y la razón por la que no lo dije era lógica y simple: nunca me lo preguntaron.

Me informaron que empezaría a tomar llamadas dentro de dos días. Mientras reflexionaba sobre esta nueva aventura, volví a caer en un mar de pensamientos. Como la interpretación en los tribunales se realizaba en forma simultánea, no necesitaba tomar notas. Pero para interpretar por teléfono quizá sería necesario escribir información. Sin poder ver ni el papel ni mucho menos lo que estaba escrito, pensaba que este trabajo iba a ser algo imposible para mí.

Ese obstáculo se convirtió en la aguja que desinfló mi emoción. ¿Qué hacer? ¿Debería llamar a la compañía y confesarles mi ceguera? ¿O debería atreverme a confiar en que Dios tenía una respuesta a mi dilema? Después de todo, recordé que la Biblia dice que *"... Para los hombres es imposible, pero para Dios todo es posible." (Mateo 19:26)*

Una vez más recurrí a la oración, pero esta vez lo hice con más osadía: "Señor, Tú ya sabes que enfrento una tarea imposible. O me devuelves la vista hoy, o me muestras el camino para enfrentar esta situación".

Aunque no dudé que Dios haría algo, mi corazón se aceleró cuando entró la primera llamada. Utilizando mi voz más cortés, realicé la interpretación velozmente. De esta manera me aseguraba de que el orador no pudiera hablar demasiado, porque de lo contrario, hubiese sido mucho más difícil para mí recordar todo lo que se me decía. Seguí esa pauta tanto con la persona que hablaba inglés como con la que hablaba español. A medida que recibía más y más llamadas, más fácil se hacia seguir ese patrón.

Interpretaba mientras los niños estaban en la escuela. Cuando llegaban a casa, nadie más que yo los atendía. Mi corazón se alegraba al pensar que este trabajo era perfecto para mí en todo sentido. En las mañanas al despertarme, me acordaba que la Palabra de Dios *"... es una lámpara para mis pasos, una luz en mi sendero." (Salmo 119:105)*.

Su palabra me guiaba paso por paso. Su luz brillaba mientras me llevaba del dolor a la paz, de la duda a la confianza y del miedo a la fe. Recordé las veces que temía que mis hijos crecieran en un hogar con una pobre madre ciega, que no tenía lo que otras madres normales les podía brindar. Pero en esta nueva etapa, mi fe se hizo más firme para confiar en que Dios no permitiría que eso sucediera.

Una tarde, cuando Joe tenía unos seis años, entró en mi oficina.

—Mamá, tu haces más que todas las mamás de mis amigos: tienes un trabajo, limpias la casa, nos preparas la comida, y ni siquiera puedes ver. Eso es increíble.

—Ven aquí, mi dulce niño —le dije abrazándolo con todas mis fuerzas—. ¿Quién te ama más que nadie en todo el mundo?

—Jesús —dijo jugueteando en mis brazos.

Toda la familia se adaptó maravillosamente a mi nueva rutina de trabajo. Cuando veían que la puerta de mi oficina estaba cerrada, sabían que tenían que guardar silencio. Mis descansos y la hora de almuerzo me permitían organizar la casa, preparar comidas rápidas y monitorear sus actividades. Seguí esa rutina todos los días, esperaba con ansias escuchar las diversas sesiones de interpretación que solían ser sumamente interesantes. Cada vez, aprendía más y más a resolver desafíos que surgían durante algunas llamadas.

Pero mi trabajo hubiera sido muy estresante de haber sabido el proceso de monitoreo que implementó la compañía. Sin ningún aviso previo, me enteré que las llamadas de los intérpretes estaban siendo monitoreadas. Cada observación se traducía en calificaciones al desempeño del trabajo. Pero gracias a la bondad infinita de Dios, mis evaluaciones incluían halagos que me llenaron de humildad y gratitud.

Dos años pasaron volando. Durante ese tiempo, desarrollé relaciones con colegas a quienes no había conocido en persona, pero sí sus nombres y voces. Un día, después de que había terminado mi turno, sonó el teléfono que usaba solo para interpretar. Esto era inusual. Quien me llamaba era el gerente de la compañía que se identificó con amabilidad.

—Janet, tengo algo que compartir contigo —me dijo.

Me puse un poco tensa.

—Lo escucho.

—Hemos estado recibiendo cartas de nuestros clientes sobre tu desempeño como intérprete.

Me puse aún más tensa.

—¿Qué están diciendo? ¿Hice algo incorrecto? —le pregunté.

—No, todo lo contrario, te felicitan por tu alto nivel de servicio al cliente y la rápida interpretación que brindas. Queremos invitarte a ti y a tu esposo para que vengan a California y recibir el premio de Intérprete del Año.

Menos mal que estaba sentada.

—¡Guau!—le contesté—. Muchas gracias.

¡Qué honor y qué bendición! Pero incluso antes de colgar, mis pensamientos se dispararon en otra dirección. Si iba a conocer a mis jefes y colegas en persona, tendría que confesar mi ceguera. Tragué saliva. ¿Cómo reaccionarían?

CAPÍTULO VEINTE

TECNLOGÍA OPORTUNA

"Encomienda al Señor todo lo que hagas, y tus planes tendrán éxito".

Proverbios 16:3

El avión aterrizó en Monterey, California. Rentamos un auto y mientras Gene y yo conducíamos a lo largo de la costa, él me describía el impresionante paisaje de las olas del mar chocando contra las rocas y la espuma blanca que levantaba. Pero aún más impresionante para mí era lo alto que Dios me había llevado. Su Palabra nos dice: *"A Dios, cuya fuerza actúa en nosotros y que puede realizar mucho más de lo que pedimos o imaginamos." (Efesios 3:20)*

Esta promesa se cumplió en mi propia vida. Nunca podría haber imaginado que me desempeñaría tan bien en mi trabajo que atrajera la atención de mis jefes y mucho menos ser merecedora de un premio de la compañía de interpretación telefónica más grande del mundo. Pero el premio más grande lo guardaba en mi corazón: el trofeo de la fidelidad de Dios.

Una vez en la habitación del hotel, Gene y yo comenzamos a prepararnos para el evento. Me puse un vestido de seda azul que Gene me había regalado y elegí zapatos de tacón negros. Aunque ya dominaba la aplicación de maquillaje, esta vez puse más esmero. Con las yemas de los dedos, también me aseguré de tener el cabello prolijo.

—Creo que estoy lista —le dije a Gene.

Él puso sus manos alrededor de mi cintura.

—Te ves hermosa —me dijo.

Cruzamos el lujoso vestíbulo del hotel hacia un gran salón de banquetes donde se llevaría a cabo la cena de celebración. A la entrada, voces amables nos saludaron.

—Tu debes ser Janet. ¿El es tu esposo?

Asentí con una sonrisa.

Nos indicaron dónde estaba nuestra mesa. Una vez que nos acomodamos en nuestros asientos, varias personas se acercaron para presentarse. Hasta ese momento nadie había notado que yo era ciega. Como pude ver durante la mayor parte de mi vida, no había perdido la tendencia natural de mirar en dirección de la persona que me hablaba, así que no mostraba indicios de que no podía ver. Y como mis colegas y yo no nos habíamos conocido en persona antes, era de esperar que no reconozca a nadie tampoco. Pero sí reconocí una voz y me dirigí hacia ella.

—Kate, ¿verdad? —le pregunté.

Ella me abrazó y asintió.

—¡Qué bueno conocerte al fin, Janet!

Agarré su brazo y me incliné hacia ella para susurrar en su oído.

—¿Puedo confesarte una cosa, Kate? Probablemente no te diste cuenta, pero quiero que sepas que soy no vidente.

—¡No te creo, no puede ser! —dijo Kate apartando su brazo. Su exclamación hizo eco por toda la sala. Luego se inclinó hacia mí bajando la voz— ¿Ciega? ¿Totalmente? ¿Cuánto puedes ver?

—Sí, totalmente ciega. No veo nada, ¿Acaso no te diste cuenta cuando hablamos por teléfono? —le guiñé un ojo.

Kate se rio a carcajadas.

—¡No, no me di cuenta!

—Pero no estoy segura —le dije en voz baja —. ¿A quién crees que debería avisarle? No quiero tomar a nadie por sorpresa.

—No te preocupes —me susurró al oído—. Haremos lo siguiente, te acompañaré hasta el escenario, y una vez que recibas tu premio, entonces puedes decirles a todos.

—Perfecto —le dije—, muy buen plan.

Luego de una suculenta cena, el presidente de la compañía se dirigió a la concurrencia y detalló los éxitos del año. Elogió a los intérpretes por nuestro arduo trabajo. Y uno a uno, fue entregando premios a varios intérpretes y a otros empleados. Luego hizo una pausa dramática.

—Y ahora el máximo galardón que se otorga al mejor Intérprete del año. En esta ocasión, nuestro premio se entrega a una intérprete ejemplar, quien muestra un constante profesionalismo, alto rendimiento, excelente servicio al cliente y una ética de trabajo excepcional. Sin más preámbulos, el premio a la Intérprete del Año se otorga a Janet Eckles.

El sonido de los aplausos llenó la sala. Sosteniéndome del brazo de Kate, nos abrimos paso desde la mesa hasta el escenario. Una vez que me llevó hasta el podio, Kate me entregó un micrófono. Aclaré mi garganta tratando de conservar la calma.

—Gracias a todos. Realmente considero que no merezco este premio porque no fui yo quien lo ganó, sino Cristo Jesús en quien puse toda mi confianza y fue Él quien hizo esto posible —hice una pequeña pausa—. Tal vez no se dieron cuenta, pero soy no vidente, si no fuera por la ayuda de Dios, definitivamente no estaría aquí, ni podría haber realizado este trabajo.

Mis lágrimas fluyeron mientras más aplausos llenaban la sala. Después de que bajé del escenario, colegas y gerentes se acercaron a nuestra mesa, uno por uno, para felicitarme. Muchos de ellos susurraron mientras me abrazaban.

—Gracias por mencionar a Dios. Yo también soy cristiano y te agradezco que hayas hablado abiertamente de tu fe.

Gene y yo regresamos al hotel demasiado tarde como para llamar a casa y preguntar por nuestros hijos. Nunca habíamos estado lejos de ellos más que uno o dos días, pero esta vez, las actividades que la compañía había programado nos retuvieron en California por más tiempo. Cuando llegamos a casa en St. Louis, me esperaba una sorpresa. Peggy, mi querida amiga, también no vidente, a quien conocí cuando trató de enseñarme Braille, me había dejado un mensaje de voz que decía: "Llámame, tengo algo emocionante que mostrarte".

Le devolví la llamada, pero sus noticias no me impresionaron. Me contó que tenía una computadora nueva con un software que leía en voz alta cualquier palabra en la pantalla. Como yo no tenía experiencia en tecnología, ni mucho menos en el manejo de una computadora, nada de lo que me dijo me interesó. Le agradecí la información y colgué. Pero cuando compartí los detalles de su llamada con Gene, su reacción fue contraria a la mía.

—Vamos por lo menos a ver de qué se trata.

Acepté a regañadientes. Una vez que llegamos a la casa de Peggy, ella me llevó de la mano a su oficina.

—Yo me sentaré aquí y te mostraré cómo funciona.

Cuando Peggy presionó una tecla, pude escuchar una voz que decía la letra que ella había escogido. Luego escribió una palabra, y después una oración. Todo se escuchaba con una voz tan clara y humana que parecía que una persona diminuta estuviera sentada dentro de la computadora.

—Increíble —le dije y pregunté—, puedo intentarlo? —Se puso de pie y yo me senté ante la computadora—. ¿Qué debo hacer?

—Sólo escribe una palabra —me contestó.

Como había aprendido a escribir a máquina en la escuela secundaria, de inmediato mis dedos encontraron las teclas de inicio. Mientras escribía, cada letra que presionaba resonaba en la habitación. No era necesario ver lo que contenía la pantalla, ya que podía escuchar con claridad lo que iba escribiendo.

—¡Qué maravilla! —dije impresionada.

Peggy esperó hasta que terminé de escribir.

—Ahora mantén presionado la tecla de control y toca la flecha de control izquierda.

Cuando lo hice, la computadora empezó a leer en voz alta lo que había escrito.

—¡Asombroso! —escuché la voz de Gene detrás de mí— Ésta podría ser una gran herramienta para ti.

Me volví hacia su voz.

—Pues cariño, ¿qué estás esperando para conseguirme una?

—Hecho —respondió él.

En ese momento reflexioné y me di cuenta que esta era una revelación más de como Dios sabe exactamente lo que necesitamos incluso antes de pedírselo. Una vez que llegó mi nueva computadora equipada con un lector de pantalla, mi primer paso fue memorizar docenas de comandos en el teclado. Con la ayuda de un entrenador, los aprendí rápidamente. En poco tiempo, usando una combinación de teclas, logré escribir textos, abrir correos electrónicos, enviarlos, crear documentos, editarlos, corregirlos y navegar por el Internet como una persona con vista lo haría con el ratón de la computadora.

Pero la gracia de Dios no tenía límites. Un día recibí una llamada telefónica del equipo de capacitación de la compañía.

—Tu desempeño ha sido excelente, como bien ya sabes por los comentarios que recibes. Nos gustaría que formes parte del equipo de monitoreo.

¿Yo, observando el desempeño de otros intérpretes? Mi estómago dio un vuelco al darme cuenta que mis propias llamadas estaban siendo monitoreadas sin mi conocimiento. Pero la positiva retroalimentación por mi desempeño me llenó de humildad y gratitud. Ahora podría pasar esta maravillosa experiencia a otros. Respiré profundo y respondí: "Me siento honrada. Gracias. Por supuesto que haré lo mejor que pueda".

Al correr del tiempo, algunos entrenadores debieron haberse olvidado que no podía ver. Comenzaron a asignarme otras tareas no sólo de monitoreo del desempeño de otros intérpretes, sino también de capacitar a los nuevos.

Días después, Gene me entregó dos libros grandes diciendo: "Esto te llegó por correo, viene de tu compañía".

Mientras sostenía esos enormes libros en mis manos, me puse a orar: "Señor, te necesito nuevamente en esta tarea. No sé cómo enfrentar este nuevo desafío. Sin poder ver ni leer estas páginas, no lo lograré". La respuesta de Dios llegó de inmediato: *"¿Hay acaso algo demasiado difícil para Dios?…". (Génesis 18:14)*

Me aferré a esa verdad mientras pasaba horas tras horas escaneando las páginas del manual de entrenamiento, y convirtiendo esos archivos a documentos Word. Luego me dispuse a "leer" toda esa información con el lector de mi nueva computadora. Iba identificando los puntos más importantes, llegando a crear mi propio manual, el cual usaba para las capacitaciones por teléfono de otros intérpretes en los EE. UU. Y otros países.

En adición a esto, serví como instructora en diferentes industrias: médicas, financieras, legales, seguros y servicio al cliente, entre otras.

Ya que cada sesión de capacitación la daba por teléfono, ninguno de los participantes se enteraba, ni sospechaba que lo hacía sin poder ver. Para mí, esta fue una prueba más de que para Dios nada es imposible.

Debido a estas nuevas responsabilidades, mis días de trabajo se volvieron más demandantes. Las actividades de los niños también aumentaban a medida que crecían. Poco a poco, las oportunidades en las que Gene y yo orábamos empezaron a disminuir.

Una noche, mientras los niños dormían, Gene bajó al primer piso y me encontró en la cocina preparando sus almuerzos para el día siguiente. Sacando una silla, Gene se sentó a la mesa de la cocina.

—Hoy recibí una llamada del presidente de la empresa Monroe.

Claramente algo pasaba. Cerrando las bolsitas de sándwich, fruncí el ceño.

—¿Quién? —le pregunté.

—Es una empresa en el centro de la ciudad, pequeña pero con mucho potencial. Tienen dificultades en sus finanzas y me ofrecieron el puesto de CFO para que les ayude a salir adelante.

Hice una pausa en la preparación de los almuerzos.

—Espera un minuto. Ellos están con dificultades financieras y te están pidiendo que dejes tu excelente trabajo para ayudarlos?

Gene suspiró.

—Me daría mucha pena si, pudiendo ayudarlos, no lo haría.

Su explicación me tomó por sorpresa. Tanto así que fallé en pedirle a Dios por una guía. Y aun peor, reaccioné con mis emociones.

—Bueno, yo creo que es una terrible idea. ¿Cómo puedes dejar un excelente trabajo por algo que ni siquiera sabes que puedas solucionar?

Una batalla estalló y él ganó. Dos semanas después, renunció a su trabajo y asumió el cargo de director financiero en una empresa que estaba en apuros. Pero ni él ni yo nos imaginamos la explosión que estaba a punto de suceder.

CAPÍTULO VEINTIUNO

A PESAR DE TODO... AQUÍ ESTÁ NUESTRO DIEZMO

"Haz tu ofrenda a Yavé, tomando de tus bienes los primeros frutos de tus cosechas; entonces se llenarán de trigo tus graneros y tus cubas desbordarán de vino nuevo."

Proverbios 3:9-10

Algunas semanas después de asumir el cargo de director financiero en esta empresa, Gene me dejó un mensaje de voz que decía: "No podré llegar a casa esta noche para cenar. Todavía tengo mucho que hacer con unas revisiones financieras. Lo siento, amor."

Resoplé molesta. Ese mismo mensaje se había repetido muchas veces semana tras semana. Gene creía que estaba rescatando a esta empresa, pero pronto nuestra familia sería la que necesitaría ser rescatada. Incluso antes de que terminara el mensaje, presioné con fuerza la tecla de "borrar".

Después de terminar mi turno de interpretación por el día, me senté con Jeff y Jason a la mesa de la cocina. Jason sacó un papel de su mochila y lo colocó en mis manos.

—Esta es una nota de mi profesora —me dijo.

Le devolví el papel arrugado.

—Mi amorcito, ¿puedes leérmela, por favor?

Ninguno de ellos se quejaba cuando les pedía que me lean las notas de la escuela. A medida que lo hacían, su habilidad para leer fue mejorando porque tenían que pronunciar palabras difíciles que habían en esas notas dirigidas a los padres. Serví la cena para todos, excepto para Gene. Poco después, los tres se fueron al piso de arriba para contarles historias de la Biblia y prepararse para dormir. Estando en esto, Gene llegó.

—¡Lo siento de nuevo, cariño! Traté de salir antes, pero simplemente no pude.

Saqué su plato de la nevera y lo metí en el microondas para calentar su comida.

—Déjame decirte que no me gusta nada este nuevo arreglo. Estás tan estresado. ¿Vale la pena todo este sacrificio? —le dije.

La única respuesta de Gene fue un silencio incómodo. A medida que pasaban los días, trataba de disimular la rabia que sentía para no aumentar su estrés. En su lugar, trataba de concentrarme en el cuidado de los niños. Una noche, a la hora de dormir, entré en la habitación de Joe y me encontré con algo inusual. Su habitación estaba en silencio, así que supuse que ya estaba dormido. Con pasos lentos y cuidadosos, me dirigí hacia su cama, siguiendo el borde con las yemas de los dedos. Localicé la almohada, me incliné para besarlo. Pero en lugar de su abultada y tersa mejilla, me encontré con los dedos de sus pies. Se había colocado debajo de las sábanas metiendo primero la cabeza.

—¡Oye, tú! —le dije riéndome—. ¿Qué estás haciendo?

Se quitó las cobijas de encima.

—¿Caíste en mi truco, mamá? —me contestó.

Encontré su mejilla y se la pellizqué suavemente.

—Seguro que sí. La próxima vez seré yo quien te engañe, jovencito.

Me hacía feliz el hecho de que mis hijos enfrentaran mi ceguera como algo natural, en lugar de verlo como un obstáculo o la causa de tristeza o preocupación. Una tarde, cuando Jeff salía corriendo hacia el patio, se detuvo.

—Mami, ¿A qué hora llegará papá a casa para llevarme a mi práctica de fútbol? —me preguntó.

Quería responder con la verdad: "No, cariño, tu padre trabajará hasta muy tarde esta noche, otra vez. Obviamente, ayudar a un negocio en apuros es más importante que su familia". Pero me tragué esas palabras y contesté algo diferente.

—No, amorcito. La mamá de Tommy estará aquí pronto para llevarte.

Mes tras mes, nuestra rutina no cambió. Comencé a memorizar versículos de la Biblia, los recitaba en voz alta y los tres niños los repetían. Poco a poco, ellos también llegaron a memorizarlos. A medida que crecían, los pasajes de la Biblia que memorizamos se hicieron más largos y complejos. Una noche, los cuatro nos subimos a nuestra cama tamaño King.

—Escuchen chicos —les dije—. Basta de saltar. Todos, siéntense quietos.

Coloqué mis brazos alrededor de mi hijo menor Joe.

—Ahora presten atención. ¿Quién me puede hablar acerca de la armadura de Dios? ¿Cuáles son las diversas partes que lo conforman?

Jason se puso de pie.

—¡Yo, yo quiero ser el primero! —anunció.

—Adelante —le dije—, Jeff y Joe, escuchen bien y vean si omite algo.

Jason comenzó a recitar.

—El yelmo de la salvación, la coraza de justicia, el escudo de la fe, el cinturón de la verdad, la espada de la Palabra de Dios, los zapatos para difundir la paz.

—No —intervino Jeff—. Son los zapatos de la paz para difundir el evangelio.

—Jeff tiene razón —les dije, pasando mis dedos por el cabello negro y rizado de Jason—. Lo hiciste muy bien, pero la próxima vez recítalo con más calma para que pienses en lo que Dios nos está diciendo.

Un domingo por la mañana, mientras conducíamos a misa, me volví hacia Gene.

—¿Cuánto tiempo más durarán las prolongadas horas que pasas en la oficina?

Traté de sonar comprensiva, pero mi tono delató el resentimiento que llevaba dentro de mí. Gene suspiró.

—Estoy haciendo lo mejor que puedo. Lo que esta empresa necesita son más contratos, más ingresos. Pero hay un problema mucho más grave —me dijo.

Desde mi perspectiva, claro que había un problema mayor. Gene había dejado un trabajo con buen salario y un horario de oficina normal que le permitía tener suficiente tiempo para su familia. Ahora los problemas de la empresa consumían todo su tiempo y atención.

Hice todo lo posible para ocultar el sarcasmo en mi voz.

—¿Y cuál sería este problema tan grave?

—Bueno —me dijo—, revisé todos los registros de la compañía desde hace un año. La empresa no solo está en números rojos, sino que también debe una gran cantidad de impuestos FICA al IRS.

—Guau! Eso sí que es algo serio —comenté—. No se puede jugar con el IRS.

Dos meses después, nos enteramos de la gravedad del problema. El presidente y el vicepresidente declararon a la empresa en quiebra y cerraron sus puertas. No sabía si alegrarme y sentirme aliviada, o lamentar que Gene se quedó sin trabajo.

Afortunadamente, para Gene siempre había sido fácil encontrar nuevos trabajos. Pero mucho más devastadoras fueron las noticias que recibimos por correo. La complicada jerga legal de la carta nos notificaba que nosotros debíamos asumir el cien por ciento de las sanciones por infringir la Ley. Me quedé sin aliento.

—¿Qué significa eso? ¿Cómo puede aplicarse eso a nosotros? —le pregunté incrédula.

Gene dio un suspiro de frustración.

—Según esta ley, cuando una empresa debe impuestos FICA al IRS y se declara en quiebra, los funcionarios son personalmente responsables por la deuda —me explicó.

—Eso significa que el presidente y vicepresidente son los responsables, ¿no? —le pregunté.

—También se refiere a mí como director financiero. Pero no te preocupes, nosotros lo resolveremos.

—¿Nosotros? —apreté los dientes—. ¿Qué quieres decir con "nosotros"? Sólo estuviste en esa empresa durante seis meses. ¿Por qué nosotros deberíamos un centavo?

Gene tomó mi mano.

—Cálmate, cariño, no te preocupes. Todo está bien —me dijo.

Furiosa, retiré mi mano de la suya.

—No, no todo está bien. ¿Cuánto es lo que "nosotros" debemos?

—Doscientos cincuenta mil dólares.

Mi cuerpo se entumeció.

—¿Cuánto dijiste? —le pregunté sin poder salir de mi asombro— Entonces, ¿por qué no lo pagan los dos dueños de la empresa, en lugar de nosotros?

Gene dejó escapar un profundo suspiro.

—No te lo dije antes, pero ambos se declararon en bancarrota personal. El IRS no les puede pedir nada —me explicó.

Se me hizo muy difícil hablar.

—Entonces, ¿estás diciendo que nosotros tenemos que pagar los doscientos cincuenta mil al IRS!

Dejándome caer en el sofá, presioné mi rostro entre mis manos. Estaba demasiado enfurecida para llorar, demasiado horrorizada para hablar. Gene se sentó a mi lado.

—De alguna manera lo vamos a lograr —trató de consolarme.

Esa noche clamé a Dios: "Señor, ¿cómo nos puede estar sucediendo esto? ¡Danos alguna solución en esta horrible injusticia!".

Cada momento que podía, con los auriculares puestos, escuchaba la Palabra de Dios. Eventualmente, la paz llegó cuando medité en versículos como Proverbios 3:5 que me recordaban que tenía que confiar en el Señor con todo mi corazón y no apoyarme en mi propio entendimiento.

Pero Gene y yo nos enfrentábamos a un enorme monstruo, y necesitábamos unir nuestras fuerzas para derrotarlo. Cada vez que recibíamos demandas del IRS, orábamos juntos, pidiendo fortaleza y soluciones. Pero cuando parecía que no había ninguna, pedíamos que Dios nos diera sabiduría. Gene encontró a uno de los pocos abogados expertos en este tema.

Después de su primera conversación, Gene colgó el teléfono y me dio la noticia.

—No puedo creerlo, nos cobrará veinte mil dólares por representarnos.

En cuestión de semanas, el IRS tomó posesión de todos nuestros ahorros, incluso los fondos para la universidad que habíamos apartado para nuestros hijos. Los agentes del IRS determinaron cuáles eran los gastos necesarios: hipoteca, alimentos y servicios básicos. Cualquier otro gasto, incluso la matrícula de la escuela católica, lo consideraban gastos innecesarios, y por lo tanto, esos fondos pertenecían al IRS. La hora más difícil del día para mí era cuando llegaba el correo. A medida que Gene abría sobres, decía: "Otra carta del IRS".

Mientras Gene leía el contenido, mis músculos se ponían tensos y mi corazón se aceleraba. Algunas de esas cartas nos informaban sobre el fallo del juez en nuestra contra. Y por lo tanto, nos citaban a otra audiencia. En otras cartas, nos notificaban que nos asignaban a un agente diferente del IRS. A menudo exigían más registros financieros para demostrar que nos habían incautado todo lo que podían.

Gene y yo pedimos préstamos de mis padres y amigos. Obtuvimos una línea de crédito del banco. En fin, hicimos todo lo posible para reunir fondos y pagar las tarifas legales y las facturas de los abogados. Varias veces al día, nos tomábamos de la mano y suplicábamos a Dios por Su guía, Su misericordia y Su intervención. Esos momentos de oración siempre calmaban nuestros corazones y nos daban suficiente ánimo para enfrentar cada etapa de este doloroso proceso. Aun así, la penalidad total que se nos impuso permanecía sin cambio y, a medida que avanzaba el proceso, todos los fallos judiciales fueron en contra nuestra.

Una noche, ya acostada, pero aun despierta y con lágrimas de ira fluyendo, hice un compromiso con Dios: "Señor, si nos guías hacia una salida, prometo hacer de este episodio aterrador un testimonio de tu fidelidad."

A lo largo de esta terrible experiencia, no fallamos en asistir a la misa dominical. No importaba cuán bajo fuera el saldo de nuestra cuenta bancaria, Gene y yo seguíamos cumpliendo con nuestros diezmos cada semana. Unas semanas después, una empresa contactó a Gene, y luego de una serie de entrevistas, aceptó el puesto que le ofrecieron. La empresa de tiendas al por menor donde trabajaría estaba a una hora de casa, pero como nuestra situación era apremiante, la distancia no importaba. Ambos alabamos a Dios por este trabajo y por los ingresos que nos permitirían comenzar a pagar los préstamos.

Eventualmente, nuestro abogado nos informó que había llegado a un acuerdo con el IRS. Nos sentimos inmensamente aliviados hasta el momento en que nos enteramos que la cantidad del arreglo era mucho mayor de lo que habíamos reunido. Mientras yacía despierta por la noche junto a Gene, todo en mí quería gritar de desesperación y culparlo por meternos en esta pesadilla. Pero el susurro de Dios para confiar en Él todavía resonaba dentro de mí. Me di vuelta y le dije: "Solo un milagro de Dios nos podrá sacar de esto".

Una noche, Gene entró a casa luego de trabajar.

—Se me ocurrió algo de camino a casa. Puede sonar loco, pero voy a pedir un adelanto de mi salario.

Me quedé mirando en su dirección.

—Nunca escuché de nadie que hiciera algo así, especialmente cuando recién se empieza un nuevo trabajo. Definitivamente pensarán que estás loco.

—Lo único que puedo hacer es intentar —me contestó.

No dije nada más, pero en silencio oré y pedí a Dios por esta posibilidad que realmente parecía imposible. Pero como siempre, Dios nos fue fiel. Gene llegó a casa luego de haber preguntado por el adelanto de su suelto y, para nuestro asombro, la gerencia de la empresa se lo concedió. Ese adelanto más un préstamo bancario que nos hicimos, fueron suficientes para cumplir con el pago estipulado por el IRS. Cuando recibimos la confirmación oficial de que nuestro caso había sido cerrado, caí de rodillas en acción de gracias a Dios por habernos liberado de esa prisión del IRS. Aunque todavía teníamos préstamos pendientes por todas partes, nuestros corazones estallaron con gratitud a Dios por sostenernos durante los meses de agonía que vivimos.

Lo que no esperábamos era que pronto una nueva prueba se nos venía encima.

CAPÍTULO VEINTIDÓS

EL SOL DEL AMOR DE DIOS

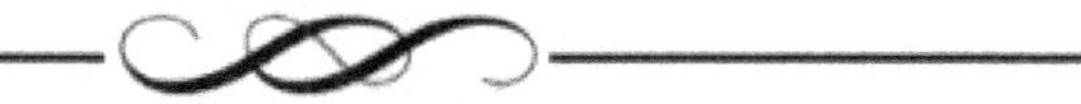

"No temas, pues yo estoy contigo; no mires con desconfianza, pues yo soy tu Dios; yo te he dado fuerzas, he sido tu auxilio, y con mi diestra victoriosa te he sostenido."

Isaías 41:10

Una noche, Gene llegó a casa, se desplomó en el sofá y dio un largo suspiro.

—Un año —dijo—, eso es todo lo que duró.

Puse a un lado la toalla que estaba doblando.

—¿A qué te refieres? —le pregunté.

Su silencio me dijo todo lo que necesitaba saber. Las últimas noticias locales habían comentado acerca de la posible quiebra financiera del empleador de Gene, una de las tiendas al por menor más grandes en St. Louis. Varias publicaciones habían pronosticado que la empresa quebraría. Y así fue.

"¡Señor, no entiendo, fuiste Tú quien le dio este trabajo!", grité por dentro. "Y ahora cierras esta puerta. Tus formas de dar y quitar me dejan desconcertada."

Por lo general, nunca discutía con Dios sin importar mis circunstancias. Pero esta vez lo hice. Una y otra vez, le pregunté cómo podía quitar algo que Él mismo nos había dado. Tratando de controlar mis lágrimas, fui a refugiarme en Su Palabra.

"'Pues sus proyectos no son los míos, y mis caminos no son los mismos de ustedes', dice el Señor". Isaías 55:8.

A pesar de la confusión en mi corazón, la paz retornó a mí cuando me forcé a creer verdaderamente que la palabra de Dios aún era confiable y que Sus promesas eran verdaderas. La vida continuaba. Pero ahora, sin los ingresos de Gene, nuestra esperanza de pagar los préstamos se desvaneció como también la expectativa de una vida libre de deudas.

Esa noche, recostados en nuestra cama, nos tomamos de las manos y oramos. Gene me recordó cómo Dios nos había guiado desde los valles hasta las cimas de las montañas, del apuro financiero a las respuestas. Después de unos momentos de silencio, nos comprometimos a enfrentar este desafío de una manera diferente. Continuaríamos nuestra oración constante y, pasara lo que pasara, no dejaríamos de dar gracias a Dios. Aun sin ver las soluciones en nuestro horizonte, seguiríamos firmes en alabanza a Dios para que Él nos abriera las puertas.

Para entonces, Gene había realizado tantas búsquedas de trabajo, que todas las compañías reclutadoras en su campo lo conocían. No transcurrió mucho tiempo antes de que le ofrecieran otra entrevista. Pero esta vez el puesto al que postularía requería un cambio drástico para la familia. Después de una conversación con el jefe de recursos humanos, Gene colgó el teléfono.

—Oye, cariño, ¿qué te parece si nos mudamos a Florida? —me preguntó.

—Sin duda —le sonreí burlona, suponiendo que estaba bromeando.

—Disney World tiene una vacancia en el cargo de gerente de mercancía —dijo—. Si estamos interesados, tendré que viajar a Nueva York para que me entrevisten.

—¿Hablas en serio? —le pregunté asombrada—. Bueno, hablemos con los muchachos, veamos qué piensan.

Los tres saltaron felices ante la posibilidad.

—¡Genial!, ¿cuándo nos vamos? —dijeron al unísono.

Gene recibió otra llamada telefónica de la empresa en la que le dijeron que no hacía falta que fuera a Nueva York. Resulta que el vicepresidente de Disney World ya lo conocía. Querían verlo directamente en Orlando.

Sin más tiempo que perder, Gene tomó el vuelo a Orlando, lo entrevistaron y me llamó.

—Tengo malas noticias. No me ofrecieron el puesto de gerente… —comenzó a decir.

—Está bien —le interrumpí—. Tal vez es la voluntad de Dios. Él tiene algo mejor para ti.

—¡Seguro que sí! —dijo riéndose—. Después de revisar mi experiencia de trabajo, supongo que cambiaron de opinión en cuanto al puesto al que calificaría. No me ofrecieron el puesto de gerente, sino me ofrecieron el puesto de director.

No pude hablar porque me quedé reflexionando en lo que Dios nos había dicho, que Sus pensamientos y caminos son más altos que los nuestros. (Isaías 55:8). Sin duda, el Señor tenía todo aquello planificado desde el principio. Cuando elegimos alabarlo en lugar de lamentarnos o quejarnos, Su poderosa mano se movió a nuestro favor.

Antes de vender la casa en St. Louis y mudarnos a Orlando, decisiones debían ser tomadas. Dejar a mis padres allí, considerando que mi papá ya había perdido la vista también, sería muy doloroso para todos. Para entonces, Abuelita había fallecido. Mi hermano Ed se había casado y se fue a vivir a Wisconsin con su esposa.

Fue Gene quien planteó una solución.

—Pienso que tu mamá y tu papá deberían mudarse con nosotros —me dijo—. Tendremos que encontrar una casa lo suficientemente grande.

Llamé a mis papás para hablarles de ese plan. Mamá suspiró con satisfacción.

—¿No más inviernos fríos y vivir en Florida? ¡Es un sueño hecho realidad!

El departamento de mudanzas de Disney nos asignó un agente de bienes raíces. Cuando llegamos a Orlando, nos reunimos con él.

—Tengo un vecindario en mente que podría ser perfecto para ustedes, en una hermosa área entre el aeropuerto y Disney World —nos informó.

El clima cálido de enero nos hizo recordar que, efectivamente, estábamos en Florida, el estado del sol brillante. Tomados de la mano, Gene y yo oramos antes de comenzar el proceso de búsqueda de casa en Orlando. "Señor, llévanos a la casa que Tú has elegido".

Mientras visitábamos docenas de casas, mi cabeza me daba vueltas tratando de recordar el diseño y características particulares de cada una. De pronto el agente revisó su lista una vez más.

—Esta casa acaba de salir a la venta —dijo con entusiasmo—. Una de las características es que tiene un cuarto para los suegros.

Cuando entramos a la propiedad, supe de inmediato que esta era la casa que Dios había escogido para nuestra familia. Le di las gracias en silencio. "Es realmente perfecta, Señor, ¡lo suficientemente grande para que tres generaciones vivamos cómodamente bajo un mismo techo!".

Nuestra oferta fue aceptada y firmamos el contrato. Pero una vez sentada en el avión de vuelta a St. Louis para empacar, la duda se apoderó de mí. Había logrado navegar con facilidad por nuestra casa en St. Louis. ¿Pero ahora cuánto tiempo me tomaría aprender a trasladarme por lugares desconocidos?

Nuestros amigos en St. Louis sabían de mi ceguera y la aceptaban. ¿Cómo reaccionarían las personas a quien llegaría a conocer en Orlando?

"¡Señor, ayúdame a que esta transición funcione!" Oré fervientemente, "por favor guíame en este nuevo y extraño lugar".

Empacamos todo. Movimos a nuestros hijos, padres, muebles y otras pertenencias a Orlando. Pero también traíamos con nosotros la carga de las deudas pendientes en nuestros corazones. Aunque la terrible experiencia con el IRS había quedado atrás, todavía le debíamos dinero a mis padres y amigos, así como al banco.

Pero a medida que nos enfocábamos en las promesas de Dios, la confianza empujó fuera al estrés. Dios ya había realizado milagros más allá de lo que jamás nos habíamos imaginado. No necesitábamos saber cómo lo haría de nuevo. Solo necesitábamos tener fe en que Él lo haría.

Y, efectivamente, Dios nos bendijo una vez más yendo más allá de nuestras expectativas. Además del salario de Gene, que no sólo era el doble de lo que esperaba, sino también ofrecía la compra de acciones. Gene aprovechó todo aquello.

Poco después, me llamó por teléfono desde su oficina en Disney Word.

—Hice algunos cálculos y ahora tenemos lo suficiente para pagar cada uno de los préstamos —me dijo.

Una vez que saldamos las deudas, nuestros ahorros comenzaron a crecer como nunca antes. Habíamos sido testigos de no solo cómo prevalecían las promesas de Dios, sino que Él nos había enseñado lo que significaba confiar en Él con cada prueba inesperada que se presentaba en nuestras vidas.

Pero la siguiente no solo era una pequeña prueba, era un gran examen.

CAPÍTULO VEINTITRÉS

MISTERIO RESUELTO

*"Si me levanto sobre las alas del alba, si me poso en el otro lado del mar,
aun allí me guiará tu mano, me asirá tu diestra."*

Salmo 139:9-10

Mientras sostenía el teléfono entre el hombro y la barbilla, iba desempacando cajón tras cajón de los artículos que trasladamos de St. Louis a nuestra casa nueva en Orlando. Mientras ordenaba y guardaba la ropa, llamaba a iglesias y escuelas secundarias locales buscando organizaciones cristianas para inscribir a Jeff y Joe.

Antes de terminar de empacar, ya había reunido bastantes opciones y los inscribí en Student Venture, un ministerio cristiano en la escuela secundaria a la que ambos asistirian. Jason, el mayor de los tres, se había graduado del colegio católico en St. Louis justo antes de mudarnos. Un año después de llegar a Orlando, Jason inició sus estudios de animación computarizada en una prestigiosa universidad de Florida. Meses después, alquiló su propio apartamento, por lo que lo veíamos mucho menos de lo que deseábamos.

Mi siguiente tarea una vez que terminamos de desempacar fue aprender a desplazarme por mi nuevo hogar. Tenía que concentrarme mientras contaba los pasos y aprendí de memoria la ubicación de cada mueble, la distancia entre cada pieza, la ubicación de la escalera y cualquier otro detalle, y así poder tener un punto de referencia. Pronto me fue posible recorrer la casa con facilidad.

Mis papás también se instalaron en sus habitaciones, pero pasaban la mayor parte del tiempo en la sala familiar con todos nosotros. Las tres generaciones vivimos bajo un mismo techo sin ningún inconveniente. Mamá y yo teníamos nuestra rutina en la que ella preparaba la cena y yo me ocupaba de la ropa, la limpieza y los almuerzos de los niños. No había nada en lo que mamá no se ofreciera a ayudar, y su personalidad alegre llenó nuestro hogar con una dulzura únicamente suya.

También se convirtió en mi mejor animadora, siempre alentándome para seguir adelante con las tareas que realizaba. Más aún cuando recibía cartas de felicitación por mi desempeño. A veces, llegaba a casa después de asistir a conferencias de mi empresa con trofeos reconociendo mi labor. Mamá armó un portafolio mostrando mis logros, los cuales insistía en mostrar a cualquiera que estuviera dispuesto a sentarse y escucharla.

Mientras tanto, papá se entretenía escuchando libros en audio o trabajando al aire libre cuidando los árboles frutales que estaban detrás de la piscina. Bastón en mano, logró cavar una zanja con sus propias manos, creando un sistema de irrigación para las plantas.

Mis padres también se encargaban de las compras. Una vez por semana, mi mamá guiaba a papá hacia su automóvil, colocándose luego ella tras el volante, y se iban juntos al supermercado. Allí deambulaban lentamente haciendo sus elecciones. Ya en casa, dividían los artículos, algunos a su refrigerador y alacena, y todo lo demás para nosotros. Siempre minuciosa y ordenada, mamá mantenía todo muy organizado, haciendo que la preparación de los alimentos sea más fácil.

Pero mover toda la familia a Orlando reveló que no todo en la vida de mamá había estado en orden como pensábamos. De hecho, nos quedamos atónitos al darnos cuenta de un detalle. Un día me llamó a la sala de estar, había estado revisando las últimas cajas que ella y papá habían traído de St. Louis. Me entregó un fajo de papeles y al tocarlo, me di cuenta que estaban desgastados.

"Estos son todos los documentos que trajimos de Bolivia", me dijo. Noté en su voz un tono de confusión. "El que está encima es mi certificado de nacimiento de Perú, donde nací antes de que tus abuelos me llevaran a

Bolivia. Por alguna razón, mi fecha de nacimiento dada allí es diferente a la que figura en mi registro de bautismo".

Ese detalle no me pareció gran cosa. Después de todo, los errores en los registros civiles burocráticos eran bastante comunes en Bolivia. Pero el error junto con el hecho de que mamá había sido hija única había traído a nuestra memoria las locas acusaciones que mi tía Laura hacía acerca de que mi mamá no pertenecía a su familia. No había vuelto a La Paz desde que nos fuimos hace más de treinta años, cuando yo tenía sólo doce años. Este misterio de registros contradictorios despertó mi curiosidad, y sentí un anhelo repentino de visitar mi antiguo hogar.

—Yo creo que es tiempo de volver a La Paz y visitar a la familia —le dije.

Mamá tomó mi mano preocupada.

—No, no quiero que viajes sola. No es seguro para ti.

Besé su mejilla.

—No te preocupes por mí. Usaré mi bastón blanco y pediré ayuda —le contesté.

Hice los arreglos para mi viaje. Cuando aterricé en La Paz, una de mis primas me recogió del aeropuerto. Durante los días siguientes, pasé un tiempo maravilloso visitando a mis parientes, poniéndome al tanto de todas las novedades, así como yo les conté acerca de lo que mi propia familia estaba haciendo en los Estados Unidos. También pude reconectar con la hija de mi tía Laura, a quien cuidaba cuando era una bebé. Después de recordar juntas, comencé a indagar.

—¿Crees que tu mamá sepa algo acerca de la posibilidad de que mi mamá haya sido adoptada? —le pregunté.

—Quizás —respondió ella con cautela.

Ella y yo visitamos a Laura, quien vivía sola. Con casi setenta años, parecía haber superado su enfermedad mental y aparentemente gozaba de buena salud. Le expliqué la razón de mi visita.

—Cuando yo era pequeña, mencionaste que mi mamá no era parte de tu familia biológica. ¿Quisiste decir que mi mamá fue adoptada? Realmente apreciaría cualquier información que puedas darme al respecto.

Laura se quedó en silencio por un momento.

—En realidad, no sé muchos detalles, pero si conozco a alguien que sí lo sabe —dijo lentamente.

Me dio el nombre y número de teléfono de una anciana que vivía en un pueblo cerca de Lima, Perú. La llamé y le expliqué quién era yo.

—Quizá usted pueda ayudarme. ¿Sabe algo acerca de una bebé llamada Lucy que haya sido adoptada unos setenta años atrás? —le mencioné el apellido de mi abuelo y añadí— Ellos se fueron a Bolivia cuando mi mamá era aún muy pequeña. Su apellido de casada es Pérez.

Sólo escuché silencio del otro lado de la línea. Pero luego la mujer respondió.

—Sí, recuerdo a esa bebé. Yo estaba allí cuando una pareja se la llevó.

La mujer dio más detalles. No había duda que esa pareja era Abuelita y mi abuelo quienes habían estado casados por varios años y todavía no tenían hijos. Habían viajado a este pequeño pueblo peruano en busca de un tratamiento para la infertilidad de Abuelita. El Dr. Benavente era famoso en esa zona por su experiencia en el uso de prácticas médicas indígenas y de las del este de Asia —no tradicionales— para curar una gran variedad de enfermedades, incluso la infertilidad.

Era también popular por su buen aspecto y galantería, cartas que jugaba muy bien a su favor, ya que capturaba los corazones de las mujeres dondequiera que fuera. En consecuencia, había engendrado al menos veinte hijos —de los que la familia llegó a saber— con varias madres.

Dr. Benavente examinó a Abuelita, escuchó su historia y le dio las malas noticias. Ella no podía tener hijos. Abuelita rompió a llorar tan amargamente que tocó el corazón del Dr. Benavente. Mientras mi abuelo trataba de consolarla, el Dr. Benavente salió de su oficina, cruzó el patio y entró en la casa.

En la sala, una mujer acunaba a una niña de dos meses en sus brazos. Junto a ella jugaban unos gemelos de dos años. Al entrar, Dr. Benavente se acercó para tomar al bebé. Pero cuando la mujer se resistió, él quitó a la bebé de sus brazos con fuerza, luego la llevó a su oficina, puso a la bebé de dos meses en los brazos de Abuelita y le dijo: "¡Aquí tienes! Esta es tu bebé".

Ella se quedó absorta y luego soltó lágrimas de agradecimiento. Al igual que Abuelita, el Dr. Benavente era de sangre europea con ojos color avellana y, por su apariencia, la bebé fácilmente podría haber sido la hija biológica de Abuelita. La pareja salió de su oficina con esa niña rumbo a Bolivia. No había documentos de adopción ni otros papeles, solo la decisión de Dr. Benavente de entregar a su propia hija a Abuelita y al abuelo. Como era común en ese entonces, Abuelita y el abuelo regresaron a Bolivia y sencillamente registraron a la bebé Lucy como su propia hija.

Mientras escuchaba a la anciana relatar estos detalles por teléfono, intenté grabar todo en mi memoria y deseaba saber más.

—¿Sabe usted qué fue de la madre biológica de la bebé? ¿Y qué pasó con los gemelos?

—No sé nada de la madre —me dijo—. Pero los gemelos viven en Lima y ambos son veterinarios.

Esa información me fue muy útil. Mi prima y yo buscamos en los directorios telefónicos. Logramos encontrar un número de teléfono de un tal Dr. Benavente. Una vez que volví a Orlando, me senté al lado de mamá.

—Tengo noticias interesantes —le dije.

Cuando escuchó todo lo que yo había averiguado, mamá se quedó sin aliento.

—No puedo creerlo —me dijo—. Entonces, Laura tenía razón. Todos estos años, yo no era biológicamente parte de la familia. Todos pensábamos que Laura estaba loca. Abuelita siempre insistía en que lo que decía Laura era una mentira. ¿Tú crees este Dr. Benavente en Lima pertenezca a la familia?

Asentí con la cabeza.

—Tengo el teléfono de los gemelos y los vamos a llamar —le dije.

—No, no —me dijo, con una voz quebradiza—. Si esto no es cierto, pensarán que estamos locas.

—La única forma de saberlo es hablando con ellos—. Marqué el número, sonó y sonó. Finalmente, la voz de un hombre contestó. Respiré hondo y pregunté con ansiedad —¿Es usted el Dr. Benavente que tiene una práctica veterinaria en Lima?

—Sí, soy yo: ¿En qué la puedo ayudar?

En un torrente de palabras, le expliqué.

—Mi nombre es Janet. Mi madre se llama Lucy Pérez Arenas. Recientemente nos enteramos que fue adoptada hace muchos años en Perú y que su padre biológico se llamaba Dr. Benavente —le di el nombre del lugar donde él practicaba la medicina—. Nos preguntábamos si usted podría ser familiar suyo.

Hubo un completo silencio. Al principio pensé que el hombre había colgado. Finalmente, después de decir "hola" para tener una confirmación, escuché su voz tartamudear.

—¿Qué… qué me dijo usted?

Repetí mi explicación. Cuando terminé, el señor volvió a hablar, esta vez con una profunda emoción que ahogaba su voz.

—Sí, Lucy es la hermana de la que siempre hemos oído hablar. Nuestra madre nos contó que se la regalaron a una pareja, la misma que se la llevó a Bolivia. Nunca supimos qué fue de ella.

—Ella está justo aquí, a mi lado —dije, tratando de contener mi emoción—. ¿Le gustaría hablar con ella?

—Oh, sí, por favor.

Le pasé el teléfono a mamá. Derramaba lágrimas mientras conversaba con su nuevo hermano. A los sesenta y siete años de edad, la vida de mamá había cambiado. Ya no era hija única como pensaba, sino que tenía por lo menos veinte hermanos. La mujer que la cuidó durante los primeros dos meses de vida no era su madre biológica, y la mayoría de los otros hermanos eran de diferentes madres. Todos habían fallecido para entonces, excepto seis.

Después de la conversación telefónica, mamá y yo repasamos otra vez todo lo que había acabado de acontecer. Ella jadeaba con cada nuevo detalle. De repente, hizo una pausa y luego continuó.

—Espera un momento, recuerdo que Abuelita guardaba la foto de unos gemelos en el cajón de su mesita de noche. Cuando me mostraba esa foto, me decía que los niños eran hijos de un médico muy respetado en Perú.

Sin perder más tiempo, empecé los arreglos para que mamá y papá viajaran a Lima y conocieran a su nueva familia. Mamá descubrió que ella y sus hermanos gemelos mayores tenían no solo la misma estatura, sino también gestos similares. Su alegría era apasionada, lo mismo que sus efusivas expresiones de afecto.

Durante los años en que mamá creció en Bolivia, los hermanos Benavente habían alcanzado a formar parte de la élite en la sociedad de Lima. Ahora abrazaron a su hermana menor como una joya recién descubierta que trajo un hermoso brillo a los últimos años de sus vidas.

CAPÍTULO VEINTICUATRO

DESPIDIÉNDOME DE LA RELIGIÓN

*"Como anhela la cierva estar junto al arroyo, así mi alma desea,
Señor, estar contigo. Sediento estoy de Dios, del Dios de vida…"*

Salmo 42:2-3

A medida que pasaban los meses, todo continuaba floreciendo en el estado del sol brillante, Florida. A Jason le iba muy bien en la universidad. Jeff y Joe continuaron participando en actividades cristianas para jóvenes a través de los ministerios Student Venture, y asistían a un estudio bíblico para jóvenes. Ambos sobresalían en todos los deportes en los que participaban. De hecho, Joe fue nombrado capitán de su equipo de fútbol y del equipo de lacrosse. Joe y Jeff también jugaban para los equipos estrella del condado.

A pesar de que todos nos habíamos adaptado bien a nuestra nueva vida en Orlando, llevarlos a la Misa se había convertido en un campo de batalla. Un domingo por la mañana, poniendo mi bolso sobre mi hombro los llamé:

—Apúrense, muchachos, ya es hora, vamos a la iglesia.

—Mamá, ya asisto a las reuniones de Student Venture —respondió Joe desde su habitación—. Y también voy al estudio bíblico todas las semanas. ¿Por qué tengo que ir a Misa, no saco nada con eso?

Volqué los ojos.

—Bueno, quédate en casa —le respondí.

Joe tenía una forma única de convencerme, y aunque no admitiría ni a él ni a Gene que su lógica tenía sentido, en secreto estaba de acuerdo con él. Yo tampoco encontraba alimento espiritual para mi alma en la misa. No sentía ningún crecimiento espiritual en repetir oraciones memorizadas. Lo más decepcionante era la Sagrada Comunión, que había perdido su significado debido a la forma ceremoniosa en que se presentaba. Salía de la iglesia cada domingo hambrienta por saber más de la Palabra de Dios y sedienta de una relación más cercana con mi Salvador.

Una tarde, Gene y yo nos sentamos a la mesa del patio en la terraza de la piscina. Una brisa cálida levantaba mi cabello mientras comentaba pensativa.

—Lo que realmente quiero es encontrar un estudio bíblico en alguna iglesia como la que visité en St. Louis cuando perdí la vista. ¿Te acuerdas? —le pregunté.

Gene aclaró su garganta como solía hacer cada vez que algo lo hacía sentir incómodo. Supuse que al mencionar esa etapa dolorosa de nuestro matrimonio removía algunos recuerdos de su infidelidad.

—Sí, me acuerdo —me dijo—. De hecho, esperaba que siguieras asistiendo allí.

—Debería haberlo hecho —suspiré—. Pero tal vez pueda encontrar un estudio bíblico por aquí.

Mi búsqueda me llevó a una iglesia bautista local que ofrecía un estudio bíblico para mujeres. No importaba la denominación. Lo único que deseaba era satisfacer mi hambre de conocer más a Jesús y más de la Palabra de Dios. Quería entender a profundidad lo que significaban ciertos pasajes de la Biblia cuando los escuchaba como también analizar las promesas de Dios.

Cada uno de esos deseos se hizo realidad cuando pasé semana tras semana en compañía de esas preciosas damas bautistas estudiando la Palabra de Dios. Una noche, después de una de las sesiones, Gene me recogió.

—¿Qué te parece si asistimos a uno de los servicios dominicales en esta iglesia? —le pregunté.

—¿Qué? —dijo con asombro—. Pero somos católicos, y esa es una iglesia bautista.

—¿Cuál es tu punto? —le dije—. Siguen la Biblia, y eso es lo que necesitamos. Y también es eso justamente lo que nuestros hijos necesitan.

Después de un largo silencio, Gene murmuró entre dientes.

—Bueno, te acompañaré, pero solo una vez.

Comprendí su vacilación ya que yo también estaba luchando contra la doctrina arraigada que nos habían enseñado de que la Iglesia Católica era la única iglesia real. Traté de hacer a un lado los recuerdos del hermano menor de papá, ahora un prominente arzobispo católico en Bolivia, quien me había repetido una y otra vez: "Eres católica. Nunca lo olvides".

El domingo siguiente estuvo soleado y podía escuchar los pájaros trinar mientras subíamos al auto. Mi corazón también seguía ese alegre compas porque estábamos a punto de entrar en un terreno espiritual nuevo, pero significativo. Tomé la mano de Gene para guiarme hacia la entrada de la iglesia bautista. Ambos sonreíamos como dos adolescentes conscientes de que estaban rompiendo las reglas de la escuela. ¿Estábamos traicionando nuestra religión al asistir a esta iglesia?

Meses y meses de estudiar la Palabra de Dios, la respuesta llegó. La Biblia dice que yo era hija de Dios y coheredera con Jesús. Mi devoción era a Dios, y mi lealtad era a Su Palabra, no a una religión.

Gene y yo nos sentamos en un banco en la fila de atrás. Inclinándose hacia mí, Gene describió en voz baja la decoración, sencilla pero reverente. El pastor no vestía nada suntuoso y el altar no era demasiado elaborado. Nos agradó la sencillez, y la predicación del pastor nos cautivó de inmediato. La lectura de los pasajes de la Biblia, las explicaciones de los mismos, las ilustraciones y la aplicación en la vida fueron deliciosamente nuevas para nosotros. Nos pareció muy diferentes a la liturgia de la Misa que la sabíamos de memoria.

Desde aquella vez, South Orlando Baptist Church se convirtió en nuestra iglesia local y nunca más volvimos a la Iglesia Católica. Un nuevo mundo se había abierto para mí. Con cada sermón dominical y estudio bíblico, los versículos que habían quedado grabados en mi corazón al escucharlos en casete se hicieron cada vez más claros en su significado y aplicación en mi vida.

Pero el que no estaba nada complacido con ese cambio era papá. Un día se acercó enojado.

—¿Qué crees que estás haciendo? Eres católica. No perteneces a esas iglesias protestantes.

La reacción de mamá fue más tranquila.

—Cariño, ve a donde enseñan la Biblia. Yo iría contigo, pero no puedo, tengo que ir con tu papá.

Para nuestro deleite, Joe y Jeff no pusieron resistencia en asistir a la nueva iglesia con nosotros. Aunque no siempre estaban entusiasmados por participar en actividades cristianas, disfrutaban del programa para jóvenes en South Orlando Baptist y allí parecían crecer espiritualmente. Aunque invitamos a Jason a unirse a nosotros, no lo hizo. Como asistió a una iglesia y escuela católica toda su vida, no sintió la necesidad de cambiar.

Un día, Joe entró a casa después de su práctica de fútbol Americano, dejó su mochila en una esquina.

—¿Dónde está mi mamá favorita? —preguntó.

—En la cocina —le contesté—. Mi estrella de futbol.

Antes de que pudiera reaccionar, me levantó con sus enormes brazos y me hizo girar en el aire como si fuera una niña. Traté de contener la risa.

—Bájame, bájame ahora mismo —le ordené.

Poniéndome de nuevo en el piso, Joe me dio un beso en la mejilla.

—Te amo, mamá.

—Yo también te amo, mi apestosito —le guiñé un ojo—. Antes de que subas a tu habitación, el entrenador Jones llamó acerca de un campamento cristiano en Carolina del Norte. Está dirigido por la Fraternidad de Atletas Cristianos, incluso tienen atletas profesionales participando, y me gustaría que tú y Jeff vayan.

—Mamá, ¿tenemos que ir? —me dijo en un tono algo molesto.

—Si quieres seguir jugando al fútbol, tienes que ir —le dije con firmeza—. Ahora date prisa y dúchate. Es casi la hora de cenar.

Mientras yo ponía la mesa, mamá estaba sentada en el sofá, revisando su lista de compras. Cuando eran niños, Joe y sus hermanos mayores no podían pronunciar abuelita. Se les ocurrió llamarla Ita, que se convirtió en el apodo oficial de mamá para todos los que la conocían y la querían. Antes de subir las escaleras, Joe se detuvo para darle un beso a su abuela.

—Que bonitos rizos Ita, luces muy linda, puede que te invite a una cita.

—Oh, eres mi dulce niño —y se rió halagada.

Entré al cuarto de lavado y comencé a vaciar la secadora. Siguiendo mi sistema de grapas para diferenciar la ropa, Mamá me siguió para ofrecerme su ayuda.

—Jeff y Joe viajan este fin de semana. Asistirán a un campamento para atletas cristianos. Necesito asegurarme de que tengan suficiente ropa limpia —le dije.

—Entonces dame eso —me dijo mientras me quitó la pila de calcetines de las manos—. Déjame emparejar esto por ti.

Ese fin de semana, Gene y yo llevamos a Jeff y Joe al autobús de FCA, que estaba repleto de adolescentes bulliciosos. Además de las muchas actividades deportivas divertidas, los atletas profesionales que participaron en el campamento compartieron sus propios testimonios de salvación con los campistas adolescentes. Cuando Joe y Jeff regresaron del campamento, Joe tocó la puerta de nuestro dormitorio y entró.

—Mamá, papá, ¿podemos orar?

Mi corazón saltó de puro gozo ante su petición.

—Seguro que sí —le contesté inmediatamente.

Tomando nuestras manos entre las suyas, Joe oró en voz alta.

—Señor, gracias por dar tu vida por mis pecados y convertirte en mi Salvador. Gracias por darme padres que oran conmigo.

Me había dejado tan sorprendida que me tomó algo de tiempo reaccionar.

—Joe, ¿aceptaste a Jesús como tu Salvador este fin de semana en el campamento? —le pregunté.

—Seguro que sí —Dicho esto, salió de la habitación.

Había orado durante muchos años para que Dios tocara los corazones de mis hijos y los atrajera hacia Él. Pero todavía estaba asombrada al ver la hermosa forma en la que respondió a mis plegarias. En silencio alabé a Dios una y otra vez.

Días después cuando hablé con el entrenador de Joe, me contó los detalles de lo que había sucedido ese fin de semana en el campamento de la FCA.

—Cuando el orador preguntó si alguien estaba listo para entregar su vida a Cristo Jesús, Joe se puso de pie. Tú sabes que tiene liderazgo. Haga lo que haga, otros chicos lo siguen. Entonces, cuando él se adelantó, sus amigos lo siguieron y también aceptaron a Cristo como su Salvador.

Pero ese no fue el final. Desafiando nuestra regla familiar contra los tatuajes, Joe se hizo uno en el brazo izquierdo, nada más y nada menos que una enorme cruz. Comenzamos a regañarlo.

—Si alguien me pregunta al respecto, les contaré todo acerca de Jesús —nos explicó.

Como siempre, su lógica nos convenció. La vida continuó y yo seguía realizando mi trabajo como intérprete desde mi oficina en casa. Pero nunca dejé de buscar nuevas posibilidades. Un día, tuve una idea audaz. Decidí intentar conseguir la certificación de interpretación en los tribunales. Tal paso, para una persona no vidente, podría haber sido pedir lo imposible. Pero nada perdería con averiguar.

—Lo siento, señora —me informó la secretaria del juzgado del condado de Orange cuando llamé—. No tenemos la prueba en braille, y nunca se la hemos dado a una persona no vidente.

¿Nunca? Con Dios, no existe tal cosa como nunca, pensé. Tampoco hay un obstáculo que Él no pueda superar, o una barrera que Él no pueda eliminar. Di un suspiro.

—El hecho de que no se haya permitido antes no significa que no se pueda hacer. Si asigna a alguien para que me lea las partes escritas, yo me encargaré del resto —le dije.

El secretario del juzgado accedió a regañadientes. Durante meses, pasé día y noche memorizando terminología legal. También revisé todos los escenarios imaginables en corte. Estudié hasta que mi cerebro estaba a punto de estallar. Cuando finalmente llegó el día de tomar el examen, pedí a mi grupo de mujeres de estudio bíblico: "Realmente necesito de sus oraciones, estoy a punto de tomar un examen y necesito la ayuda de Dios".

Acordaron orar por mí y supe que podía confiar en ellas. Cuando comenzó la prueba, utilicé métodos que había desarrollado para retener las opciones múltiples que me leían para así poder elegir la respuesta correcta. Durante toda la prueba, oré en silencio pidiendo ayuda y claridad mental a Dios. Una semana después, el juzgado me envió una carta informándome que había aprobado las cuatro partes del examen en mi primer intento. Así fue como me convertí en la primera intérprete ciega certificada por el tribunal en el estado de Florida.

Siempre hay una primera vez para todo, dicen. Pero esta primera vez de algo que se acercaba a mi vida, no sería algo feliz ni algo que hubiera soñado experimentar. Pero sí era la primera vez en la que Dios se convertiría en algo más real para mí.

CAPÍTULO VEINTICINCO

ÉL SE CONVIRTIÓ EN MI FUERZA

"Bienaventurados los que lloran, porque ellos serán consolados."

Mateo 5:4

Nuestros tres hijos ya habían terminado la escuela secundaria, lo que me dio más tiempo para realizar mis propias actividades. Después de mi trabajo como intérprete, pasaba las tardes frente a la computadora. Pero esta vez, me concentré en un proyecto personal. Decidí escribir mi historia. Un día mis nietos leerían acerca de su abuela ciega que fue guiada por el bastón blanco de su fe en Cristo Jesús.

Noche tras noche, escribía capítulo tras capítulo. Meses después, justo antes de llegar al final de mi historia, tuve una inesperada y triste interrupción. A los diecinueve años mi hijo Joe —el menor— había conseguido un buen trabajo. También había comenzado su primer semestre en la universidad.

Un viernes por la noche Joe salió con sus amigos. Horas después, Jeff entró a nuestra habitación y nos dio un anuncio.

—¡Joe está herido!

—¿Qué? —grité horrorizada, saltando fuera de la cama— ¿Qué pasó?

—No sé. Lo están llevando a la sala de emergencia.

Gene y yo nos vestimos a toda prisa, salimos corriendo de casa y nos dirigimos al hospital. Mientras conducíamos, oramos intensamente para que Joe estuviera bien. Todavía no teníamos idea de lo que había sucedido ni tampoco cuán graves eran las heridas de nuestro hijo. Una vez que llegamos a la sala de emergencia, seguíamos orando mientras esperábamos que alguien nos dijera lo que le había pasado.

Finalmente, un médico se acercó a nosotros.

—¿Son ustedes los padres de Joe Eckles? —preguntó.

Poniéndome de pie di unos pasos hacia la voz del doctor.

—Sí, somos nosotros —le contesté—. ¿Dónde está? ¿Qué pasó? ¿Cuándo podemos llevarlo a casa?

Sujetándome con fuerza, Gene interrumpió.

—No sabemos nada. Necesitamos algún tipo de actualización.

La voz del médico se volvió inmediatamente sombría.

—Lo siento mucho. Hicimos todo lo que pudimos. Pero las múltiples puñaladas hicieron que pierda demasiada sangre. No sobrevivió. Siento mucho su pérdida.

¿Puñaladas? ¿Pérdida? Mi cuerpo se entumeció. No podía respirar. Presionando mi cara contra mis manos, me deslicé por un túnel de incredulidad, luchando por entender lo que el doctor acababa de decir. ¡No mi Joe, Señor! ¡No mi bebé!

Cerrando los ojos, traté de despertar de esta pesadilla. Pero no pude, esto era real. Entonces, en medio de mi agonizante dolor, mi corazón escuchó claramente una voz suave que hablaba con profunda compasión. "Quédate quieta, Janet, y reconoce que yo soy Dios." (Salmo 46:10).

Mientras tanto, una de las enfermeras puso una pastilla en la palma de mi mano: "Señora, tome esto por favor, aquí tiene un poco de agua". Aparté su mano gentilmente y le dije: "No, no gracias". Probablemente ella esperaba que yo estalle en un llanto histérico. Pero no lo hice. Una vez más, ese verso resonó en mi corazón: "Estad quieta y sabed que yo soy Dios". Él seguía siendo el mismo que me había sostenido a través de tantas dificultades. El mismo Dios que me había levantado cuando estaba destrozada. El mismo que había susurrado palabras de consuelo cuando mi mundo se vino abajo.

Presioné mi puño contra mi frente. "Señor, sé que estás conmigo. ¡No me abandones ahora! Necesito tu fuerza". Me volví hacia mamá, quien acababa de llegar al hospital. La agarré con fuerza entre mis brazos mientras ella sollozaba incontrolablemente.

La conversación entre Gene y los doctores se hizo difusa. Eventualmente condujimos a casa en una niebla emocional. Mi cuerpo temblaba y mis lágrimas fluían. En el silencio de la noche, tuve una íntima conversación con Dios:

"Sí, Señor, sé que Tú eres Dios, poderoso y majestuoso. Pero, ¿cómo pudiste permitir que esto nos sucediera? Te reconocemos, te servimos. Joe también te reconocía. ¿Por qué no lo protegiste? Tu Palabra dice que todo trabaja para el bien de los que te aman y son llamados conforme a tu propósito. Pero no veo cómo este horror de perder a mi hijo podría convertirse en algo bueno. Quiero a mi Joe de vuelta. Sólo quiero una oportunidad más para abrazarlo y decirle que lo amo."

A medida que pasaban los días, nos fuimos enterando de los detalles del absurdo evento que había terminado con la vida de nuestro hijo. El había estado con otro amigo cuando se detuvieron en una tienda para hacer algunas compras. Allí habían visto a otro joven que también se había detenido en la misma tienda con su novia, una joven por la que Joe había mostrado interés varios meses antes, aunque en ese momento Joe ya tenía otra novia.

Al ver a Joe y su amigo, el muchacho se enfureció, sacó un cuchillo y comenzó a apuñalarlos. El amigo de Joe sobrevivió, pero mi hijo no. El hombre fue arrestado por cargos de asesinato en primer grado. Cuantos más detalles supimos, más preguntas llevaba yo en mi corazón:

"Señor, reconozco que mis plegarias tal vez no tengan lógica, pero no puedo comprender esta tragedia. He saboreado tu dulce consuelo, y no dudo que tus promesas prevalecerán. Pero, ¿cómo vivo con este dolor que me está aplastando? ¿Cómo sigo adelante sin el hijo que Tú mismo me regalaste? ¿Cuánto tiempo será necesario para despojarme de este dolor y angustia abrumadora?".

Finalmente, llegó un momento de quietud, mis pensamientos llenos de ira cesaron y escuché en mi corazón otra dulce promesa de Dios: *"Se abrirán entonces los ojos de los ciegos y se destaparán los oídos de los sordos. Entonces el cojo saltará como un ciervo, y gritará de alegría la lengua del mudo." (Isaías 35:5-6).*

Limpiándome una última lágrima, reflexioné sobre esa promesa. Algún día, ya en el cielo, yo volvería a ver a Joe. Y esta vez con mis propios ojos, porque en el cielo no hay ceguera. Una exquisita esperanza se filtró a través de mi alma y alivió mi dolor. Comprendí la maravillosa verdad de que esa separación con mi hijo era sólo temporal. Lo vería y lo abrazaría de nuevo. Lo escucharía decir: "Ahí está mi mamá favorita".

Días después, Gene y yo nos sentamos frente al escritorio del director de la funeraria. El colocó un libro ante nosotros.

—Aquí tienen fotos para que las revisen y elijan el ataúd que deseen para Joe —nos explicó.

Un escalofrío recorrió todo mi cuerpo. Esperaba elegir el regalo de graduación de Joe o el traje para el día de su boda. En cambio, aquí estábamos ante la dolorosa tarea de escoger su ataúd. "¡Señor, este es un paso cruel para cualquier madre!", grité en mi corazón. "¡Aférrate a mí! No puedo hacer esto sola." Gene apretó mi mano.

—¿Estás bien? —me preguntó.

Respiré profundamente y asentí.

—Hagámoslo de una vez.

Nos encargamos de todos los detalles del funeral de Joe que se haría la mañana del 11 de septiembre del 2002. Gene y yo daríamos unas palabras. Solicitamos que colocaran una vela encendida encima del ataúd de Joe. La iglesia se llenó de amigos, parientes que llegaron de St. Louis y cientos de estudiantes de secundaria. Gene me acompañó hasta el púlpito. De pie ante el micrófono, hablé con una compostura sobrenatural.

"Joe era un líder, con muchas habilidades, talentoso en los deportes. Muchos de ustedes lo conocían bien. Algunos compartieron el mismo estudio bíblico en Student Venture. Otros de ustedes recibieron a Cristo como su Salvador en el campamento de FCA junto con Joe. Pero es posible que el resto de ustedes aún no haya dado ese paso. Joe no sabía que el viernes pasado sería su último día en la tierra. Dado que Joe tomó medidas para asegurar su entrada al cielo, sabemos dónde está hoy: en la mansión que Jesús preparó para él. Quién sabe, tal vez en estos momentos esté jugando al fútbol con otros jugadores celestiales. Pero más que servir de ejemplo como un excelente atleta, la vida de Joe se trató de cumplir un propósito."

Señalé en dirección al ataúd con la vela encendida encima y añadí:

"¿Ven esa luz? Esa luz es un recordatorio del llamado que les hace Joe a ustedes también, un llamado para aceptar a Cristo como su Salvador. A pesar de que sus años en esta tierra no fueron muchos, la vida de Joe no fue en vano. Dios la está usando para recordarnos a todos que el mañana no está garantizado para nadie. Ahora mismo, en este momento, Dios presenta a cada uno de ustedes la oportunidad de elegir dónde pasarán la eternidad."

Después del servicio conmemorativo, el pastor me abrazó y me dijo: "Siento mucho lo que pasó con Joe, Janet. Pero sólo quería decirte que, en mis veinticinco años como pastor, nunca he visto a una madre compartir el evangelio en el funeral de su propio hijo. Gracias por haberlo hecho."

Reflexionando sobre su comentario, me di cuenta de que Dios también dio un propósito a mi propio dolor. Ese propósito estaba a punto de convertirse en algo aún más poderoso.

CAPÍTULO VEINTISÉIS

FUERA DE MI ZONA DE CONFORT

"Confía en Dios con todo tu corazón y no te apoyes en tu propia prudencia; reconócelo en todos tus caminos, y Él enderezará tus sendas."

Proverbios 3:5-6

En medio de una noche, los sollozos de Gene me despertaron. Volviéndome hacia él, puse mi mano en su brazo.

—¿Crees que deberíamos acudir a terapia de duelo? —le pregunté.

Se levantó de la cama.

—Yo. . . no lo sé. Estoy bien.

Por supuesto que no estaba bien, ni yo tampoco. Habían transcurrido tres semanas desde que nos despedimos de nuestro Joe, y el dolor seguía abrasador. Al día siguiente, llamé a nuestra iglesia, la secretaria enumeró algunas opciones.

—Aquí hay un grupo que ofrece apoyo a los padres que han perdido a un hijo —nos dijo—, pero no tiene una base cristiana.

Sea el grupo que sea, Gene y yo necesitábamos aprender cómo otros padres enfrentaban este trauma. Al llegar al edificio comunitario donde el grupo estaba programado para reunirse, Gene y yo seguimos por los largos pasillos hasta llegar a la sala indicada. Al entrar, un silencio cubría la habitación, y sentí como si una nube oscura de tristeza nos rodeaba. Mientras tomábamos nuestros asientos y esperábamos a que comenzara la reunión, podía escuchar los sollozos provenientes de varias direcciones a mi alrededor. Una mujer sentada justo al frente a nosotros lloraba desconsoladamente.

Inclinándome hacia ella, le toqué el hombro.

—¿Está usted bien? —le pregunté.

—¡No! ¿Cómo puede estar bien una madre que perdió a su hijo? Lo perdí hace un año, y no hay día en que no llore por él.

Luché por contener mis propias lágrimas.

—Entiendo cómo se siente. ¿Me permite orar por usted?

—No, no necesito oraciones —contestó con notable ira en su voz—. ¿Cree usted que las oraciones traerán de vuelta a mi hijo?

Me apoyé otra vez en el respaldo de mi silla y ella siguió sollozando. Un nudo seguía presionando mi garganta. En silencio, le pregunté a Dios: "Señor, ¿cómo puede esta pobre mujer superar su dolor sin Ti?

El programa finalmente comenzó con el líder dando la bienvenida a los participantes. Los padres se tomaron de las manos y formaron un círculo con velas encendidas en el medio, cada una representaba al niño que habían perdido. Uno por uno, los padres se turnaron para decir algo sobre su hijo.

De camino a casa, me volví hacia Gene.

—No quiero volver a participar en ese grupo. Todos esos padres llorando me rompen el corazón —le dije.

—Yo tampoco me sentí animado —coincidió Gene.

Una vez en casa, me senté frente a la computadora y abrí un archivo que contenía los libros de la Biblia. Después de escuchar algunos capítulos de Salmos, abrí otro archivo que contenía mi diario. Esa noche escribí:

"Padre, acabo de observar cómo otros padres enfrentan la pérdida de su hijo. Me duele el corazón por ellos. La paz que me diste es sobrenatural. No sé por qué pusiste dentro de mí el deseo de hacer saber a estos padres sobre la paz que también ellos podrían tener. Realmente, no pretendo saber cómo ayudar a los demás, ni siquiera sabría dónde empezar a hablar sobre su dolor. Pero Tú puedes. ¿Me podrías usar como la mensajera de esta verdad? Deben haber miles de padres ahogándose en su dolor por el vacío que dejó un hijo. Yo también podría estarlo pero, aunque no entiendo cómo ni por qué, mi corazón está lleno de la presencia de Tu gracia, de la paz que solo Tú puedes dar y la esperanza de la que no puedo prescindir.

Si pudiera pedirte algo en estos momentos, lo único que te pido es que Tú abras la puerta para mi para ser testimonio de tu mano sanadora, la que nos brinda el poder y la guía a través del oscuro valle del dolor. Estoy dispuesta Señor, y lista para atravesar las puertas que Tú abras. Tengo dentro mío el anhelo de ayudar a esos padres para que sientan Tu amor, reciban Tu consuelo y escuchen Tus palabras de constante compasión. Has cambiado mi tristeza por gratitud, y estoy tan agradecida, Señor, por la garantía de que volveré a ver a Joe. Estoy también agradecida por la forma en que me susurras consuelo durante las noches oscuras. Como repites Tus promesas de sanidad. Gracias Señor, por secar mis lágrimas y borrar mis miedos."

En los días que siguieron, enfoqué mi atención en Jason y Jeff. ¿Cómo estarían enfrentando la tragedia de perder a su hermano menor? Mientras oraba para que Dios me mostrara cómo ayudarlos, Rachel —la novia de Jason—, llamó para ver cómo estábamos.

—Jason y yo estábamos hablando de que Joe está en el cielo y gozando de vida eterna porque había aceptado a Cristo como su Salvador —nos dijo.

Rachel, una excelente joven cristiana de profunda fe, sería la esposa de Jason y la primera de mis dos preciosas nueras. Ella siguió dándome más detalles. Mientras Jason y ella conducían, conversaban de este tema. Tan pronto Jason escuchó la explicación de la salvación, bajó el volumen de la radio.

—¡Espera un momento! ¿Cómo es que no sabía nada de esto? —le dijo.

Jason había aprendido acerca de Jesús al asistir a iglesias y escuelas católicas. Pero jamás había escuchado el plan de salvación completo ya que no vivía en casa con nosotros cuando comenzamos a asistir a South Orlando Baptist. Tampoco había estado expuesto al ministerio juvenil cristiano o estudios bíblicos como lo habían hecho Jeff y Joe. A menudo lo invitaba a que nos acompañe a la iglesia y trataba de explicarle el camino de la salvación. Aunque él había declinado nuestras invitaciones, yo oraba constantemente para que Dios tocara su corazón.

Pero ahora, después de escuchar el plan de salvación que le explicó Rachel, Jason invitó a Jesús a entrar en su vida. Una hermosa transformación tuvo lugar en su corazón. Comenzó a estudiar y se unió a una iglesia cristiana donde enseñaban la Biblia. Poco después, Jason estaba totalmente dedicado a Cristo Jesús. Como un caballo de carreras que despega apenas se abre la cerca, así inició su compromiso y pasión por difundir el evangelio.

Por otro lado, Jeff guardó sus sentimientos muy dentro, aunque probablemente era él quien más extrañaba a Joe porque hacían muchas cosas juntos —deportes, campamentos, programas juveniles y actividades sociales. Sin poder saber cómo consolar a Jeff, hablé con Dios: "Señor, solo Tú puedes aliviar el dolor de mi Jeff. Solo Tú puedes mostrarle el camino hacia la sanidad".

A medida que pasaban las semanas, mis papás eventualmente tornaron las conversaciones tristes en recuerdos felices sobre las cosas graciosas y divertidas que solía hacer Joe. Empecé a reflexionar, y decidí que era el momento adecuado para terminar el libro que estaba escribiendo. En los siguientes capítulos, relaté cómo mi temporada de dolor se convirtió en aceptación, luego en paz y luego en gratitud.

Terminando el manuscrito, lo imprimí. Con cierta vacilación, entré en la sala de estar donde Gene estaba sentado y le entregué el manuscrito.

—Aquí tienes. ¿Te gustaría leer esto? —le dije.

Estaba batallando con la duda de si debía incluir el episodio de la infidelidad, no sólo porque Gene podría sentirse incómodo, sino que no quería ofender a Dios al relatar detalles tan íntimos. Escuché a Gene voltear página tras página. Continuó al siguiente día y, una vez que lo terminó, se acercó a mi escritorio y puso el manuscrito encima.

—Terminé.

—¿Estás de acuerdo que incluya todos los detalles acerca de lo que pasó con nosotros? —le pregunté.

Gene suspiró.

—Si puede servir de ayuda a otras parejas, creo que debes incluirlo todo —me dijo.

Podía distinguir la sinceridad en su voz. Terminamos publicando el manuscrito completo. Mi esperanza era que algún día, en un lejano futuro, mis nietos leerían cómo Dios muestra su amor a través de la trayectoria y las pruebas de la vida. Pero resulta que mis nietos no serían los únicos quienes conocerían estas verdades. Me quedé asombrada y honrada por la gran cantidad de comentarios que recibimos. El Internet proporcionó una forma eficaz para conectarme con los medios de prensa. Así fue como empecé a dar entrevistas en medios de comunicación ante audiencias alrededor de todo el mundo. Empezaron a llegar correos electrónicos de Alemania, Inglaterra y Australia, así como de toda América del Norte. Todos comentaban cómo mi historia de sufrimiento se convirtió en una de triunfo, y en qué forma los había impactado.

Una mujer de México me escribió: "Mi esposo me vio leer su libro, y también me vio llorar con algunos capítulos. El no es un gran lector, pero me pidió leer el libro. Cuando terminó, se me acercó, se arrodilló y me dijo: 'Si te hice sufrir como el esposo de Janet, por favor perdóname'." Luego relató cómo ella y su esposo asistieron juntos a la iglesia por primera vez.

Cartas como esta me sorprendían y me llenaban de ánimo. Claramente, Dios estaba dirigiendo mi camino. Pero, ¿dónde me llevaría después? ¿Qué incluirían sus planes?

La respuesta llegó una noche, después del estudio bíblico con las damas de la iglesia. Estuve allí con una amiga. Una vez que terminamos la sesión, tomé su brazo y nos dirigimos hacia la salida.

—Necesitas compartir tu historia con nuestro grupo —me dijo.

Me reí.

—¿A qué historia te refieres?

—Acerca de cómo llegaste a los Estados Unidos y cómo Dios te ayudó cuando perdiste la vista y cómo Él estuvo contigo cuando mataron a Joe.

Le sonreí.

—Pero amiga, todos esos detalles están en el libro.

—Lo sé, pero necesitas dar tu testimonio en persona, no solo por escrito.

¿Dar mi testimonio? Mi historia era realmente la de Dios, de Su bondad en acción. Una cosa era detallar los eventos en las páginas de mi libro. Pero compartir esos dolorosos episodios ante un grupo requeriría un diferente tipo de valentía. Tendría que esperar a que Dios me la concediera.

Al día siguiente, leyendo los versos en la Biblia acerca de Moisés y su vacilación cuando Dios le instruyó que regresara a Egipto para sacar a los israelitas. Moisés puso excusas, pero Dios ganó. Más tarde, en otra historia, leí sobre Josué y su temor cuando Dios lo llamó a ser líder de su pueblo para cruzar el río Jordán, y le ordenó que fuera valiente. También estaba la caída de Elías, exhausto por el desánimo y el miedo, después de presentarse con los profetas del falso dios Baal en el monte Carmelo, Dios le dio lo que necesitaba para tener fuerza.

El mensaje que Dios me mandó estaba claro. Pero yo no era uno de esos gigantes de la fe que estaban en la Biblia. Yo sólo era una *chica* ciega de Bolivia, totalmente dedicada a Cristo Jesús y completamente refugiada en Su amor. Esa noche escribí en mi diario:

"Padre, no sé si debería reírme tan solo de pensar en dirigirme a grupos, compartiendo lo que me pasó, pero sé que me has llevado por lugares que nunca había soñado. Me has dado fuerza para derribar barreras, me sacaste de los valles oscuros y me elevaste hasta las cimas de las montañas. Entonces, si ésta es Tu manera de brindarme los deseos de mi corazón, necesito la valentía que solo Tú me puedes dar. Necesito Tu sabiduría y necesito una señal clara de que esto viene de Ti."

Entonces, la señal llegó. Después del siguiente estudio bíblico, mi amiga se puso de pie y se dirigió al grupo.

—Tengo un pedido. Creo que Janet debería compartir su historia con nosotros. Aunque nunca lo hizo antes, creo que necesitamos escucharla.

Colocaron un podio de metal en la parte delantera de la sala y me puse detrás de él tratando de ordenar mis ideas. Había sido entrevistada en radio y televisión cuando mis hijos eran pequeños. Pero yo sólo representaba una organización para mamás. Relatar mi propia historia frente a un grupo de personas en vivo me puso a sudar.

Finalmente comencé, tartamudeando un poco, vacilando en ciertos lugares, y soltando algunas lágrimas cuando relaté el episodio de la perdida de Joe. Les confesé que había estado ciega espiritualmente cuando tenía vista física. Pero ahora Dios me había permitido ver mi vida a través de Sus ojos y el panorama era mucho más hermoso.

Cuando terminé, una de ellas me abrazó fuerte y me susurró al oído.

—Muchas gracias. Mi esposo me pidió el divorcio, nadie lo sabe, y estoy destrozada. Necesitaba escuchar tu historia.

Cuando finalmente llegué a la cama esa noche, el sueño me eludió. Era demasiado tarde para levantarme y escribir en mi diario, así que simplemente elevé mis pensamientos al cielo en oración. "Señor, estoy tan asombrada por la forma en que me guías a través de un terreno desconocido y la forma sobrenatural en la que eliminas mis temores. Gracias, gracias, gracias".

Pero aún no sabía que Dios estaba a punto de mostrarme que esto era sólo el principio.

CAPÍTULO VEINTISIETE

EXPANDIENDO MIS ALAS

*"Él les dijo: Id por todo el mundo y predicad
las buenas nuevas a toda criatura."*

Marcos 16:15

Mientras mezclaba la masa de pan de plátano, conversaba por teléfono con una amiga del estudio bíblico.

—Hubiera querido hacerlo mejor al compartir mi historia la semana pasada —le confesé.

—Eres muy dura contigo misma —respondió con firmeza—. A pesar de ser tu primera vez, todas nos conmovimos. De hecho, algunas incluso teníamos lágrimas en los ojos.

Ya sea interpretando, entrenando o escribiendo, dar lo mejor de mí en todo lo que hacía, era el mayor deseo de mi corazón. Me comprometí a hacer lo mismo hablando. Una amiga sugirió que me uniera a Toastmasters, un grupo local dedicado a ayudar a pulir las habilidades como orador. Mis papás estaban felices de llevarme y siempre disfrutaban al verme salir con cintas azules, lo cual les decía que había ganado el primer premio en algún concurso. En el grupo de Toastmasters fue donde aprendí la organización de discursos, aperturas, algo de humor, cierre y narración de historias.

Los Rotary Club locales, donde gente profesional interactúa y se animan unos a otros, fueron mi primera audiencia. Animada por sus comentarios, llegué a programar también charlas con organizaciones de la Cámara de Comercio. Poco a poco me empezaron a llegar más invitaciones para impartir charlas. Cuando relataba mi historia ante grupos locales de mujeres cristianas, incluía el evangelio.

Varias organizaciones en la comunidad pasaron la voz, lo cual se convirtió en mi principal herramienta de marketing. Y a medida que recibía más invitaciones, muchas de las personas en la audiencia compraban mi libro. A veces, después de terminar mi presentación, tanto hombres como mujeres solían acercárseme.

—Cuando vine aquí, pensé que tenía problemas y me estaba sintiendo desanimado. Pero después de escuchar lo que Dios hizo en tu vida, tengo la esperanza que Él puede hacer lo mismo por mí. Tengo más esperanzas y me siento como nuevo —me decían.

Al escuchar esas palabras, no estaba segura cuál era mayor, mi asombro o mi gratitud. Dios había demostrado una vez más que con Él no hay ceguera, sólo la visión plena de Su gracia. Pero también necesitaba de Su sabiduría, ya que Gene y yo estábamos a punto de enfrentar otro conflicto. Un día, mientras él trabajaba en Disney World, su secretaria me llamó.

—Janet, Gene no está pensando en dejar su trabajo, ¿verdad? —me preguntó.

Tragué saliva con dificultad. Quería aparentar seguridad, pero la verdad era que Gene había mencionado brevemente sus intenciones de dejar su puesto e iniciar su propio negocio.

—Si dependiera de mí —finalmente le dije—, definitivamente no dejaría su puesto. Sé que su siguiente paso es el de ser Vicepresidente, y todos dicen que lo está haciendo muy bien. Así que lo lógico sería que él continúe con ese objetivo.

—Así es —me dijo con tono casi suplicante—. Todos lo aman aquí.

Yo también amaba a Gene, pero sus decisiones me confundían. Dejar un puesto en el que se destacaba y que rendía ingresos más allá de lo que habíamos soñado, no tenía sentido. Pero sin importar la lógica que yo presentara, la respuesta de Gene fue la misma.

—Necesito intentarlo y ver si puedo lograrlo por mi cuenta. Empezaré con la apertura de algunas tiendas minoristas, luego veré cómo resulta.

Y así lo hizo. Gene dejó Disney. Su éxito inicial con la primera tienda minorista que abrió me hizo pensar que tenía un buen plan. Pero cuando llegó el cambio en la economía en 2008, el negocio perdió dinero. La siguiente empresa sufrió fraude y robos. Cada empresa subsiguiente fracasó también.

Una noche, entré a su oficina en el segundo piso de casa.

—No sé hacia dónde va todo, pero estoy realmente preocupada por estos negocios. Creo que debes considerar buscar un trabajo.

—Confía en mí —dijo muy calmado—, lo resolveré todo.

Esas palabras las había escuchado antes. La última vez resultó llevándonos a la bancarrota y con una gran deuda. En silencio, oré: "Señor, muéstrame cómo ser una esposa sumisa. Es tan difícil cuando veo que las decisiones son equivocadas y nuestros problemas financieros aumentan".

Mientras tanto, yo seguía adelante con mi propio trabajo de intérprete. También escribía artículos que se publicaban en revistas y aceptaba todas las invitaciones para dar charlas. Pero una de ellas puso a prueba mi fe. Recibí un correo electrónico invitándome a una conferencia en Carolina del Norte. Glup! Tendría que volar desde Orlando hacia esa iglesia.

—¿Quieres que te acompañe? —me preguntó Gene.

Su ofrecimiento podría haber sido la solución para aliviar mi estrés de viajar sola. Pero tampoco podía depender de él para cada viaje que tenga que hacer, Gene no podía ausentarse de sus negocios. La realidad era que, incluso cuando gozaba de vista plena, nunca había viajado sola a un lugar desconocido. Nunca me había alojado sola en un hotel. El sólo pensar en ambas experiencias hizo que mi estómago se retorciera. Pero justo en ese momento, un versículo de la Palabra de Dios, que había grabado en mi corazón, cobró vida:

"Porque no nos ha dado Dios espíritu de cobardía, sino de poder, de amor y de dominio propio." 2 Timoteo 1:7

Si esos tres dones de poder, amor y dominio propio eran lo que Dios ofrecía, ¿por qué no los aceptaría? El primero que necesitaba poner en práctica era el domino propio, que empezaba con una mente clara. En otras palabras, puse en marcha la sabiduría de Dios para planificar con anticipación. Así que tomé las medidas necesarias para asegurarme de que hubiera alguien esperándome cuando llegara. Llamé a la aerolínea como lo hice cuando viajé a Bolivia unos algunos años atrás, solicitando una escolta para que me ayude a trasladarme por el aeropuerto. El siguiente era el don del poder. El poder de Dios que obraba en mí para llegar al éxito y derrotar cualquier oposición o potencial peligro. El tercer regalo es el amor de Dios. No estaría sola en la habitación del hotel. Su amor me rodearía brindándome tranquilidad, compañía y paz.

Con todos esos regalos bien guardados en mi corazón, el miedo se convirtió en una emocionante anticipación de la aventura. Estaba lista.

Mamá entró en mi closet.

—Permíteme ayudarte a empacar —me dijo.

Tomando sus diminutas y delgadas manos entre las mías, la llevé a un taburete.

—Siéntate aquí —le dije—. Gracias, Ita, pero si me ayudas, no sabré dónde están las cosas en mi maleta. Necesito hacerlo yo misma para saber lo que estoy empacando y dónde está cada artículo.

Ella dio un largo suspiro.

—Está bien. Pero me preocupa que viajes sola sin ningún pariente o amistad quien te espere y con quien te alojes. ¿Qué si sucede algo?

Le sonreí.

—¿Dónde crees que yo podría ir y que Dios no esté?

—¡Oh, hijita! —me dijo abrazándome fuerte—. Eres tan valiente. No sé qué haría si te pasara algo.

Le guiñé un ojo.

—Lo único que podría suceder es que más personas sabrían acerca de Jesús. Y tal vez entonces aprenderían a caminar con fe, no solo con la vista.

Todo resultó bien. Durante los doce años que llevaba trabajando como intérprete, había acumulado tantos días de vacaciones que me permitieron viajar. A medida que las invitaciones para dar conferencias continuaron llegando, viajar por avión a varios estados se convirtió en una actividad entretenida y emocionante. La rutina rara vez cambiaba. Gene me acompañaba hasta el mostrador de la aerolínea y me daba un beso de despedida. A partir de ese momento, una de las escoltas me guiaba por el aeropuerto, llevándome desde seguridad hasta mi asiento en el avión. Una vez en el avión, todo era simple y fácil gracias al personal.

Cada viaje suponía una anécdota graciosa. En una ocasión, una amable azafata me guiaba hacia mi asiento por el estrecho pasillo del avión.

—Su asiento está a su derecha —me indicó.

Me agarré del asiento para sostenerme.

—Gracias —le dije.

Cuando me dirigí a mi asiento, me di cuenta que lo que agarraba se empezó a mover. Resulta que lo que sostenía con fuerza no era el asiento sino la cabeza de un hombre calvo. Sonrío mientras escribo ese incidente porque esos momentos vergonzosos no me desanimaron para seguir viajando. Al contrario, sirvieron para enriquecer mis discursos con más historias.

Sin falta, me hice de nuevos amigos en los aeropuertos, en el avión y en el hotel. Una vez que llegaba a mi destino, una escolta siempre me esperaba cuando salía del avión. Sosteniendo su brazo, nos dirigíamos a recoger mi equipaje, luego a la salida del aeropuerto. Ahí es donde me encontraba con la persona asignada para identificar al orador del evento. Ella me llevaría al hotel y me acompañaría a mi habitación, y antes que se fuera, siempre preguntaba: "¿Me harías un favor? ¿Podrías asegurarte de que todas las luces estén apagadas?"

Muchas de mis guías dudaban. Otras preguntaban: "¿Estás segura?". Y yo decía: "Sí. No puedo saber si están encendidas o apagadas", e inclinándome hacia ella le susurraba al oído, "y no es bueno dormir con las luces encendidas".

Ese pedido siempre provocaba una risa. Una vez sola en la habitación del hotel, con las yemas de mis dedos palpaba la ubicación de los muebles, la disposición del dormitorio y el baño. A continuación, desempacaba mis maletas y ordenaba toda mi ropa y también mis artículos de baño. La mañana siguiente, ducha, vestirme, maquillaje y peinado los realizaba con facilidad. Con cada viaje, me sentía más cómoda viajando sola y más segura al dirigirme a mi audiencia, ya sean pequeños o grandes grupos.

Aunque cada experiencia era emocionante y siempre gratificante, a veces agotadora, se sentía bien estar de nuevo en casa. Pero esta vez, no esperaba lo que encontraría a mi llegada.

CAPÍTULO VEINTIOCHO

PERDÓN

"Como los cielos son más altos que la tierra,
así mis caminos son más altos que vuestros caminos
y mis pensamientos más que vuestros pensamientos."

Isaías 55:9

Al volver de mi viaje, Gene me recogió del aeropuerto e intercambiamos nuestros habituales saludos afectuosos. Pero había algo diferente en su actitud. Me volví hacia él.

—Y, ¿algo interesante pasó mientras yo no estaba? —le pregunté.

—Nada, en realidad —hizo una pausa y aclaró la garganta—. Nos llegó una carta del fiscal de distrito.

Sabía muy bien lo que eso significaba. Apoyé la cabeza contra el asiento y di un largo suspiro. Esperábamos que este siguiente paso llegaría algún día, pero aún no estaba preparada.

La carta nos informaba que se había programado el juicio para procesar al hombre que mató a nuestro hijo Joe. El juicio comenzaría el 27 de octubre, justo el día de mi cumpleaños.

Mi corazón se encogió. Aunque sabía que este paso era inevitable, mi mente luchaba tratando de empujar fuera esos pensamientos. Ahora me encontraba recordando lo que había pasado esa noche y sentí como mi energía drenaba, escapándose de mi cuerpo. Una vez en casa, me senté un largo rato en silencio. Luego fui a mi computadora, abrí mi diario y escribí:

"Hoy es un día de tinieblas para mí, Señor. Sabía que este juicio se acercaba, pero no estoy preparada. Ni siquiera estoy segura si deseo estar presente en ese tribunal. El juicio es necesario ya que ese hombre tiene que ser castigado. Pero siento que los que estamos siendo castigados somos nosotros, al tener que revivir lo que pasó esa noche. Necesito tu fuerza. Necesito Tu poder para superar los ataques de ansiedad y miedo. Necesito tus amorosos brazos alrededor mío. Te pido fuerza sobrenatural por mis hijos, mi esposo y mi familia. No me dejes hundirme en la angustia. Esta prueba está en Tus manos, y los resultados están en Tu voluntad."

El juicio duró tres largos días. Cada testigo presentó detalles de esa noche. La forma en que Joe y su amigo habían entrado en un estacionamiento "7-11" en su Jeep. Luego, el otro hombre se detuvo. Mi Joe no sabía que el hombre estaba armado con un cuchillo. Apuñaló a Joe veintitrés veces y siete a su amigo. El amigo de Joe sobrevivió, pero el ataque le quitó la vida a Joe.

Mi angustia creció al escuchar el informe del médico forense que describía cada una de las heridas de cuchillo, incluida una en su corazón. Aferrándome a Gene, clamé en silencio a Dios: "¡Te necesito, Señor! Te necesito desesperadamente".

Al final del tercer día, el jurado estaba listo con el veredicto. Todos nos pusimos de pie cuando el presidente del jurado pasó al frente. Mi corazón se aceleró y apenas podía respirar hasta que el silencio en la sala se rompió con la conclusión del caso. El presidente del jurado empezó a leer: "Nosotros, miembros del jurado, encontramos al acusado no culpable de ningún cargo."

Nuestro lado de la sala lanzó un sonoro suspiro. El otro lado celebraba. El abogado del asesino había presentado el caso como defensa propia basado en la indulgente ley de Florida de "mantenerse firme", alegando que la confrontación había sido una pelea mutua en la que un combatiente se defendía de dos. No importaba que Joe y su amigo estuvieran desarmados y que el asesino, de alguna manera, había apuñalado un total de treinta veces sin sufrir ninguna lesión. El hombre se fue a casa libre mientras nosotros nos fuimos a la nuestra destruidos.

Nuestra primera tarea fue calmar a Jason y a Jeff, así como a los amigos de Joe. Todos mostraron su enojo y hablaban de venganza. Gene los reunió en el pasillo fuera de la sala del tribunal y les dijo: "Escuchen bien, nada de lo que hagan traerá de vuelta a Joe. Si causan algún problema, los únicos que sufrirían sería nuestra familia".

Condujimos a casa en una nube oscura de incredulidad. No podía hablar. No podía siquiera llorar. Lo que sentí no fue tristeza, ira o decepción. La duda fue lo que me atacó. Obligándome a sentarme frente a la computadora, escribí en mi diario:

"Señor, Tú estabas presente en esa sala del tribunal. Escuchaste los detalles y testimonios. Confiaba en ti, Señor, en Tu justicia para que el asesino recibiera lo que merecía. Tú prometes en tu Palabra que nos librarás de todos nuestros problemas. ¿Por qué, entonces, tu promesa nos falló? ¿Cómo se supone que seguiremos adelante? ¿Cómo compartir con otros acerca de Tu fidelidad si no estuvo allí cuando más la necesitábamos? Aun así, aunque mi corazón está destrozado, elijo Señor, creer en Ti. Aunque me falte el ánimo, no dudaré que un día Tú me mostrarás el otro lado de esta dolorosa injusticia. Tengo que apoyarme en ti, Señor. No tengo a nadie más".

Esa noche, Gene y yo seguimos nuestra rutina a la hora de acostarnos, en silencio, pero no nos olvidamos de orar. De rodillas, al pie de nuestra cama, pedimos a Dios que nos ayudara a comprender esta injusticia. Nuestras plegarias eran genuinas, y con el pasar de los días, nuestra paz gradualmente retornó. Finalmente, una noche, fuimos capaces de hablar sobre el hombre responsable de la muerte de Joe y su futuro. Aunque no había cumplido ni un solo día en prisión, era a Dios a quien tendría que rendir cuentas, no a nosotros.

Dicho esto, nosotros también tendríamos que responder ante Dios si continuábamos guardando rencor, ira o animosidad contra este hombre. El único paso que Dios requería de nosotros era extender el perdón.

Esa noche elegimos perdonar al hombre que había matado a nuestro Joe. No se lo dijimos en persona ya que no sabíamos dónde estaba. Pero nuestro perdón, total y genuino, por lo que había hecho derrumbó los barrotes de resentimiento e ira que podrían habernos mantenido a nosotros como prisioneros. Esa noche fue cuando quedamos libres de nuestra oscura prisión y salimos hacia el sol de la libertad en Cristo Jesús.

El perdón también nos permitió acoger más plenamente el resplandor del amor de Dios, un amor que nos llenó aun cuando no entendíamos la aparente injusticia. Un amor que vence el dolor. Un amor que transforma todas las cosas para bien. Me di cuenta de que Dios efectivamente había cumplido Sus promesas. Él nunca nos había abandonado. Había sido fiel en tornar la injusticia en bien, ya que de ninguna otra manera Gene y yo podríamos haber experimentado la dulce libertad que el perdón brinda.

¿Podría ser que esta lluvia de bendiciones inesperadas continúe?

CAPÍTULO VEINTINUEVE

TESOROS DEL CORAZÓN

*"A Dios, cuya fuerza actúa en nosotros y
que puede realizar mucho más de lo que pedimos o imaginamos."*

Efesios 3:20

"Señor, ¿cómo saber qué es lo que debo compartir con el público? ¿Debería ser más discreta acerca de mi dolor? ¿Debería mantener el episodio de injusticia que viví en mi interior? ¿Cuáles podrían ser los detalles que te glorifiquen y cuáles deberían ser personales?", eran solo algunas de las preguntas que me hacía.

Pero incluso antes de recibir las respuestas, ya estaba detrás del podio ante un grupo de mujeres en una conferencia en California, deseosa de vencer las dudas y tener el coraje que David mostró cuando derrotó a Goliath. Uno por uno, compartí los altibajos de mi vida. Esta vez agregué el episodio del juicio, la injusticia y nuestra decisión de perdonar. Después de terminar, bajé del escenario y una mujer me abrazó y me dijo: "Necesitaba escuchar esto. Me había sido imposible perdonar al hombre que me abusó. Sabía que tenía que hacerlo. Simplemente no sabía cómo. Ahora lo sé. Gracias."

Fue entonces cuando Dios me hizo ver el propósito de la injusticia y también todo el dolor que habíamos sufrido. Me mostró el camino para inspirar a otros y enseñar la libertad que da el perdón, no sólo a través de conferencias y libros, sino también iniciamos un ministerio sin fines de lucro. Con la ayuda de Gene, nació JC Empowerment Ministries.

Terminado el servicio, un domingo por la mañana, uno de los pastores me pidió que pasara por su oficina.

—Queremos que ores para pedir guía en una tarea con la que nos gustaría que nos ayudes. Si es la voluntad de Dios, quisiéramos que enseñes en la escuela dominical para mujeres.

—Oraré y espero que Dios diga que sí —le respondí con una gran sonrisa en los labios.

Así lo hizo. Enseñar en esa clase, domingo a domingo, hizo que la Palabra de Dios cobrara vida con una deliciosa claridad. Y qué gratificante fue presenciar el crecimiento espiritual de esas preciosas mujeres. Mis deberes de enseñanza se ampliaron cuando Jason y Rachel enriquecieron nuestras vidas con el nacimiento de nuestra primera nieta. Me comprometí a enseñarle todo acerca de Jesús.

Un sábado por la noche, Jason llegó a casa con ella en sus brazos.

—Aquí esta ella para pasar tiempo con su Nana —me dijo mientras yo extendía mis brazos hacia ella.

—Ya te tengo, mi dulce bebé.

La puse en el piso y coloqué unas pequeñas campanillas en su ropa para poder seguirla más fácilmente. Ésa se convirtió en nuestra rutina. Cada vez que me visitaba, escuchaba el tap-tap-tap de sus pequeños pasos al entrar a casa y corría hacia mis brazos. Luego me daba la espalda esperando que le coloque las campanillas.

Jason se reía de mi manera particular de cuidarla.

—Mamá, eres increíble —me decía—. Ella está aprendiendo tanto de ti. Y yo también.

—Dios siempre nos muestra el camino para que logremos cualquier cosa —le explicaba yo—. Siempre y cuando elijamos ver cada situación a través de Sus ojos.

Jason suspiró.

—Lo sé, mi vista lateral está empezando a disminuir. Pero no me preocupo por eso. Mira todo lo que tú has logrado. Con vista o sin ella, voy a estar bien.

—Estarás más que bien —le aseguré con vehemencia—. Dios tiene un plan poderoso y maravilloso para tu vida.

Oré con fervor para que Dios le otorgara la vista, física y espiritual, todos los días de su vida. Mientras tanto, me concentraba en enseñarle a mi nieta a ver a su alrededor con los ojos de su corazón. A su tierna edad, ya estaba aprendiendo y estaba consciente de mis limitaciones. Cuando un juguete se caía, lo ponía en mis manos y me decía: "Nana, ¿puedes sentir esto? Es mi rana de peluche".

Tomando mi otra mano, pasaba las yemas de mis dedos sobre la rana, y continuaba describiendo: "¿Ves? Estos son sus ojos". Y yo, intentando hacerla reír, decía: "Que ojos tan graciosos".

Como no podía leerle libros, me inventaba historias, dramatizándolas mientras se las relataba. Cada una tenía un mensaje relacionado al amor de Jesús. Cuando su hermano menor llegó, dos años después, hice lo mismo con él. A lo largo de los años que siguieron, les conté historias no sólo a ellos sino a un sinnúmero de audiencias.

Con la Palabra de Dios viva dentro de mí y con el Espíritu Santo como mi compañero, levanté el bastón blanco de valentía y llevé el mensaje del Evangelio por EEUU, Cuba, el Caribe, América del Sur, México, y Filipinas. Durante esos viajes, Dios me probaba una y otra vez que el dolor no tiene fronteras, la angustia no tiene un idioma único y la devastación no tiene etnia. Lo que todas estas personas, en tan diversos lugares y diferentes latitudes, tenían en común era la forma en que Dios restaura a quienes lo invocan. La forma cómo sana a quienes creen en Él. Y, sin importar en qué rincón del mundo uno se encuentre, la forma como Dios transforma todas las cosas para bien de quienes verdaderamente lo aman.

Cada grupo al que visitaba, me animaba más a escribir. Cuando no estaba trabajando como intérprete, mis dedos bailaban por el teclado mientras enviaba artículos e historias de inspiración a diferentes periódicos locales, a revistas Cristianas y sin denominación —tanto impresas como online—, así como publicaciones nacionales como *Chicken Soup for the Soul* (Sopa de

Pollo Para El Alma). Al principio, rechazaron mis artículos. Pero eventualmente, muchos fueron aceptados.

Un día, mamá y yo fuimos a una consulta con el dentista y mientras estábamos sentadas en la sala de espera, ella se puso de pie de un salto. Puso una revista entre mis manos.

—No vas a creer lo que encontré en la pila de revistas en esta mesa. Es la revista *Guidepost* y tu foto está en la portada. Me pregunto si me dejarían llevármela a casa —exclamó entusiasmada.

Negué con la cabeza.

—No será necesario preguntar, mamá. Nos enviaron copias gratuitas cuando recién se publicó, ¿no lo recuerdas? —le dije.

Probablemente no se acordaba, ya que ese número de *Guidepost* en particular era una de las muchas revistas y antologías en las que incluían mis artículos. Aunque mi fotografía en la portada de una revista no se daba con frecuencia. Enmarcar, archivar o exhibir todo lo que yo escribía o premios recibidos era la nueva pasión de mamá. Una tarde, le tomó de la mano a una amiga que estaba de visita y con un tierno orgullo apuntó a las repisas junto a la chimenea y le comentó: "¿Ves todo eso? Son todos los libros de 'Sopa de Pollo Para el Alma', son treinta y dos en total, y cada uno tiene una historia de mi Janet".

A medida que pasaban los años, mamá estaba igualmente orgullosa cuando se publicaron mi segundo, tercer y cuarto libro. Se reía como una niñita cuando le llegaban por correo los primeros ejemplares de cada nuevo libro. Le encantaba organizar cada uno de ellos en la estantería y contar a todos acerca de ellos. Pero lágrimas brotaron de sus ojos cuando llegó a casa un nuevo devocional bíblico para mujeres en Español, que incluía extractos de mi segundo libro, "Simplemente Salsa".

Una de las tareas favoritas de mamá era dar la bienvenida a los equipos de prensa. A través de los años, los presentadores de televisión locales y programas regionales, nacionales e internacionales venían a casa para entrevistarme. Mamá se sentaba pacientemente en un sillón al lado de la ventana que daba hacia el frente de casa. Tan pronto como llegaban las camionetas de la prensa, ella corría hacia mí y con voz llena de emoción, me daba el anuncio.

—¡Ya llegaron! Es el Club 700. Rápido, rápido, déjame revisar tu maquillaje.

Una vez que recibíamos la fecha y hora que iban a trasmitir dicha entrevista, mamá empezaba a llamar por teléfono o escribir correos electrónicos, llevando el anuncio a parientes y amigos, tanto en otros estados, a Bolivia e incluso a sus amigas en Israel.

Continué haciendo malabarismos para cumplir con mi trabajo a tiempo completo, realizar tareas como escritora, preparar conferencias y viajar. Con cada oportunidad, mi entusiasmo crecía y a la vez era un reto para mejorar mis presentaciones, llevando mensajes poderosos que inspirarían a mi audiencia. Pero en el compartimento secreto de mi corazón, viejas inseguridades volvieron a surgir, especialmente cuando me enteraba de que compartiría el escenario con oradores de ligas mayores como Lee Strobel, John C. Maxwell, Pricilla Shirer y el gobernador Mike Huckabee.

Pero ante la tentación de sentirme inferior, cobré valentía con el dulce susurro de Dios: "Conmigo no hay ligas, solo el amor que he puesto en ti para declarar ante todo el mundo".

Mientras Dios iba proporcionando más oportunidades para escribir y hablar, también me traía nuevas sorpresas en mi carrera como intérprete. Una conferencia nacional patrocinada por mi empresa culminaba con un banquete de premiación. Mientras mi paladar estaba de fiesta con el delicioso postre, yo no me di cuenta que el vicepresidente enumeraba los logros de la persona que recibiría el más alto galardón del año, el premio a la Excelencia Profesional.

De repente, casi me atoro con mi postre cuando escuché mi nombre. Años anteriores, ese premio se había otorgado a altos ejecutivos y profesionales estelares. ¿Y ahora a mí? Estaba abrumada por la sorpresa y la gratitud. Mientras una colega me llevaba al escenario, un estruendoso aplauso llenó el salón. "Para tu información —me susurró al oído—, estás recibiendo una ovación de pie".

Cuando volví a casa esa noche, les di las buenas noticias a Gene y a mis papás. Luego me dirigí a la computadora y escribí en mi diario:

"Padre, un simple gracias no es suficiente. El camino por el que me has llevado no se podría encontrar ni en los más creativos cuentos de hadas. Cuando nos trajiste de Bolivia, pensamos que nuestros sueños se habían hecho realidad. Pero Tú tenías Tu propio sueño para mi vida. Uno que convirtió mi ceguera en un hermoso retrato que solo la fe puede ver. Me sacaste de la desesperación y convertiste las tragedias en triunfos victoriosos. Me mostraste la justicia a través de la belleza del perdón, y ahora has probado, una vez más, que Tus promesas de vida plena y abundante son una hermosa realidad".

Si hubiera podido, habría congelado esta etapa de mi vida para que durara para siempre.

CAPITULO TREINTA

EL OTRO LADO DE LA DESESPERACIÓN

"Él cumple los deseos de los que le temen;
Él escucha su clamor y los salva."

Salmo 145:19

Como los capítulos de mis libros, las estaciones de mi vida iban pasando, año tras año. El ministerio que Dios me había encomendado creció. Así como crecían mis nietos. Los hijos de Jason y Rachel estaban a punto de llegar a la adolescencia. Jeff se había casado con una joven maravillosa llamada Krystal. Mi pasión y devoción por servir a Dios continuaron aumentando.

Pero mi perseverancia estaba a punto de ponerse a prueba una vez más. Durante estos últimos años, me había concentrado en el ministerio —que estaba en constante expansión— junto con mi trabajo de tiempo completo, mientras Gene se enfocaba más y más en inversiones, desde tiendas hasta bienes raíces. Una mañana me preparaba para comenzar mi turno de interpretación.

—¿Qué sucede? Pareces estar estresado. ¿Sigues teniendo problemas vendiendo esas propiedades? —le pregunté.

—Tengo demasiadas cosas en la cabeza, nada más —respondió secamente—. Los problemas con el negocio me están poniendo ansioso. No pude dormir anoche tampoco.

Resistí el impulso de recordarle sobre mi oposición a que se involucre en ese negocio. Decírselo hubiera incrementado su estrés. Pero lo que me preocupaba más era su actitud.

—¿Qué puedo hacer para ayudarte? —le pregunté.

—Nada —murmuró—. Nada en absoluto.

Salió de la habitación y cerró la puerta tras de él. Semanas pasaron y nuestras conversaciones se centraban en asuntos superficiales. A pesar de que no tuvimos discusiones o confrontaciones de ningún tipo, una nube oscura parecía envolvernos. Mientras yo trabajaba como intérprete por teléfono, Gene pasaba largas horas en su oficina en casa. Los momentos en los que orábamos juntos empezaron a disminuir. Aunque Gene nunca se negó a orar conmigo, la paz de Dios parecía eludirlo.

Seguíamos asistiendo a los servicios dominicales en la iglesia bautista que ambos disfrutábamos. Mientras yo enseñaba en la escuela dominical de mujeres, Gene utilizaba sus habilidades como contador para ayudar en el comité financiero y a veces dirigía el grupo de hombres.

Mientras tanto, otro tipo de desafío surgió en casa. Aunque mamá y yo habíamos tratado de persuadirlo, papá se negó a todos los tratamientos convencionales que su doctor le ofrecía para resolver sus afecciones con la próstata que, eventualmente, se convirtieron en cáncer.

Mamá entró a mi habitación durante uno de los recesos en mi trabajo.

—Estoy preocupada por tu papá. Cada vez que usa la balanza, me pregunta cuánto marca. Ya ha perdido quince libras —me informó.

Tratar de convencer a papá para que acuda a un especialista o seguir cualquier tratamiento sólo suscitaba enfadadas negativas. Al correr de los meses, aparentaba estar en buena salud, se mostraba alerta y activo. Pero no podíamos pasar por alto su continua pérdida de peso. Mi corazón y mi mente estaban llenos de preocupación por él. Así como por Gene, quien enfrentaba su propio cáncer emocional.

Una noche, Gene bajó de su oficina a la sala de estar. Con voz baja y sombría, lo admitió.

—Creo que necesito ayuda. Voy a conseguir consejería profesional.

Semanas de asesoramiento se convirtieron en meses y luego en un año completo. Esperaba algún cambio, una esperanza o solución. Pero el Gene del que me enamoré, aquel hombre de actitud amable y amorosas palabras alentadoras, estaba envuelto en un lúgubre silencio. Finalmente se acercó a mí, con un tono de derrota.

—He tomado una decisión. Necesito resolver esto por mi cuenta. Tengo que irme por un tiempo —me anunció.

Di un respiro. ¿Un tiempo? ¿Qué significaba eso? ¿Nos estábamos separando? ¿Adónde iría? En mi mente, estar casados significaba para bien o para mal. Esto era lo peor por lo que habíamos pasado desde el episodio de infidelidad, décadas atrás cuando aún no había invitado a Jesús en su corazón. Y una vez más, su decisión ponía nuestro matrimonio en la cuerda floja. Escogí mis palabras con cuidado.

—Odio todo esto tanto como tú. Pero estoy dispuesta a apoyarte. Oraré con más fuerzas.

Con Gene lejos de casa, tenía que pedir a mis amigas que me lleven a la iglesia. Mis solicitudes de oración por él fueron más frecuentes. Todos en la iglesia preguntaban por él, cómo estaba, dónde estaba, y cuándo volvería. Preguntas a las cuales yo no tenía respuestas.

Una tarde mamá entró a mi habitación.

—¿Está todo bien? ¿Dónde está Gene? ¿Sigue de viaje?

Ella tenía que saber. Pero, ¿qué explicación podía darle sobre el caos emocional que perturbaba a Gene? Inhalé profundamente mientras le tomaba la mano.

—Gene no volverá por un tiempo. Tiene algunas cosas que resolver, pero todo estará bien. No hay porque preocuparse.

Papá parecía estar mejorando. Incluso pidió ir a su restaurante favorito. Mamá y yo lo llevamos. Pero apenas probó bocado de su plato favorito.

A veces Gene llamaba por teléfono y preguntaba: "¿Necesitas que regrese y te ayude?". Por supuesto que quería que volviera, pero el proceso de sanidad era más importante. "Estamos bien", era mi única respuesta.

Me mordí el labio para no gritar de frustración. A medida que pasaban las semanas, papá se debilitaba más. Dormía más y se quedaba en cama la mayor parte del día. Ya sus piernas no podían sostenerlo. Cuando se cayó, llamé a los paramédicos para pedir ayuda. Mamá y yo sabíamos que era el momento. Me puse en contacto con el doctor y le relaté los síntomas y su diagnóstico. Sin vacilar, el médico aprobó el servicio de hospicio. En cuestión de dos semanas, papá entró a la gloria del cielo.

Mi hermano Ed y su esposa llegaron para ayudarnos en esos últimos días, lo cual alivió nuestra carga. Pero la pérdida de papá junto con la ausencia de Gene me puso en medio de una tormenta de emociones oscuras. En el silencio de la noche, las preguntas abrumaban mi mente. ¿Superaré este dolor algún día? La Palabra de Dios me susurraba de nuevo la respuesta: *"En este mundo tendrás problemas. ¡Pero anímate! He vencido al mundo."* *(Juan 16:33)*

Sí, este mundo estaba lleno de dolorosos problemas. Pero mi Salvador los había vencido todos, y también vencería los míos. Puse mi fe en marcha y grabé esa promesa en mi alma.

Una mañana, me desperté y me dirigí a la cocina por un vaso de agua. El abrazo de mamá me sobresaltó porque no sabía que ella estaba allí.

—Tus ojos están todos rojos e hinchados. No llores, hijita. Tu papá está en el cielo, donde todos queremos estar algún día —me dijo con ternura.

Ella no tenía idea de que mi corazón no sólo estaba afligido por papá, sino también por Gene y los problemas emocionales y mentales que lo atormentaban. Cuanto más tiempo Gene estaba ausente, más inminente parecía nuestra separación. Para superar esta angustia, me aferré a una de las promesas de Dios que se había vuelto especialmente significativa.

"Cercano está el Señor a los quebrantados de corazón, y salva a los abatidos de espíritu." (Salmos 34:18)

Sabía que Dios estaba cerca y que nunca nos abandonaría, pero a veces la soledad se sumaba a mi dolor. Llamé a mi amiga más querida y le conté lo que llevaba en mi corazón. Ella me dio sabios y tiernos consejos.

—A veces no podemos despejar las tinieblas que otros llevan. Lo único que podemos hacer es entregárselas a Dios.

—Lo sé —le dije—. Estoy luchando por evitar que la verdad de Dios se pierda en la locura de este caos.

La vida tenía que seguir adelante. Mis esfuerzos debían centrarse en hacer sentir a mamá que todo estaba bajo control. Después de que papá falleció, los detalles por resolver eran interminables. Arreglos para la lápida, entrega de la urna, reclamos de seguro, detalles bancarios y demás. Noche tras noche, me arrastraba hacia la cama, exhausta. En lugar de dormir, escribía en mi diario:

"Señor, perder a papá y el dolor de mi situación con Gene están por lanzarme en medio de una espiral oscura de desesperación. Sin embargo, con todo mi ser, creeré, verdaderamente creeré, que Tu mirada vigilante está sobre Gene y sobre mí. Repetiré una y otra vez el poder de Tu sanidad. Siempre pondré mi esperanza en Ti y solo en Ti. Tendré la osadía de creer que algún día convertirás todo esto en algo bueno."

Unas semanas después, había regresado a mi trabajo de interpretación cuando Gene llamó por teléfono.

—Siento mucho que tengas que enfrentar todo esto tú sola. Lamento mucho haberme ido cuando lo hice. Pero mis propios problemas son demasiado profundos en este momento.

Las palabras de comprensión me eludían, y detestaba que las lágrimas fluyeran cada vez que hablaba con él por teléfono. Pero era la gracia de Dios que me permitía responderle con calma.

—Estoy orando para superar todo esto.

Una cosa era cierta: la batalla que enfrentaba Gene era mucho más grande que nosotros. "Señor, ¿hasta dónde llegará todo esto?" Oré desesperadamente. "Solo Tú puedes tocar el corazón de Gene, solo Tú puedes sanar las heridas y borrar las cicatrices que lleva".

Estaba dispuesta a ayudarlo a cargar su cruz sin importar cuánto tiempo tomara. Pero Gene había tomado su decisión. Una noche, bastante tarde, volvió a llamar.

—Todo este tiempo he estado pensando. No puedo dejarte en el limbo. Tienes que seguir con tu vida —me dijo con voz abatida y triste.

¿Mi vida? Se suponía que era nuestras vidas, nuestros problemas que necesitábamos resolver juntos. Mi boca se secó.

—¿Qué estás tratando de decir?

—Lamento haberte traicionado de esta manera. Creo que, para los dos, el divorcio es la única respuesta. Retiraré mi nombre de la escritura de la casa. Ya preparé un presupuesto. Tendrás suficiente para todos los gastos.

¿Divorcio? La sola palabra me dio escalofríos. Ni en mis peores pesadillas el divorcio había sido una opción para nosotros. Mientras continuaba hablando, contuve las ganas de expresar mi shock, mi ira y mi dolor. Finalmente presioné el botón para colgar. ¿Eso es todo? ¿Así de fácil se terminan cuarenta y dos años de matrimonio?

Postrada de rodillas, grité con angustia: "¡Señor, esto no puede estar pasando! Nunca lograré comprender esta traición. La oscuridad que veo en Gene me está matando. Tengo que confiar en que Tú me sostendrás en este momento, no creo tener la fuerza para respirar o enfrentar mi mundo".

Ya que mi desesperación no disminuía, me vi obligada a elevar mis pensamientos hacia las promesas de Dios. No tenía control sobre lo que atormentaba a Gene, pero podía controlar mi propio dolor. Experimenté una angustia similar, casi dieciocho años atrás, en la sala de emergencias cuando Joe entró al cielo. Dios me había prometido paz y me la había dado. Él había declarado el triunfo en mi vida, y me lo había brindado. Me había susurrado palabras tranquilizadoras para mi futuro, y así fue.

No tenía motivos para dudar que Él haría lo mismo ahora. Mi tristeza por Gene estaba ahora en manos de Dios. Su futuro estaría bajo la atenta vigilia de Dios, y Su gracia y amor infinito lograrían su restauración. Y yo había tomado mi propia decisión, perdonar.

Decisión que no hizo de mis días, semanas y meses siguientes nada fáciles. Pero con cada lágrima que derramaba, sabía que Dios estaba atento. En cada momento de ansiedad, Su presencia estaba conmigo. Y en mi devastación, Él estaba a punto de derramar otra dosis de Su amor restaurador.

CAPÍTULO TREINTA Y UNO

Y DE REPENTE… LA SOLEDAD

*"Y sin fe es imposible agradar a Dios,
porque cualquiera que a Él viene, debe creer que existe
y que recompensa a los que le buscan con diligencia".*

Hebreos 11:6

Divorcio. Odiaba esa palabra. Dios también la detesta. (ver Malaquías 2:16). Sólo dos meses después, con mi corazón afligido por Gene y hecho pedazos bajo los escombros que quedaron por el fin de mi matrimonio, firmamos los papeles del divorcio.

¿Cómo sigo adelante después de cuarenta y dos años de matrimonio? ¿Cómo enfrento a nuestros hijos y a mamá? Todos en la iglesia, en nuestra famIlla y entre nuestros amigos suponían que teníamos un matrimonio saludable y feliz. Ahora, como mujer divorciada, me encontraba en un terreno extraño. Algo que nunca imaginé que nos pasaría después de todo lo que habíamos superado y después de recibir bendición tras bendición de Dios. ¿Fue mi culpa por no reconocer los demonios con los que Gene luchaba?

No encontraba las respuestas. Al contrario, mi propia batalla para seguir adelante comenzaba. En medio de lo desconocido, el miedo se apoderó de mí. Mi soledad anhelaba la presencia del Señor, y mi vacío pedía ser llenado por Su Palabra, palabra que abrazara mi alma. Mientras escuchaba promesas familiares en las Escrituras, Dios me abrazó en la calidez de Su amor.

"Así que no temas, porque yo estoy contigo; no desmayes, porque yo soy tu Dios. Te fortaleceré y te ayudaré, te sostendré con mi diestra justa". (Isaías 41:10)

Yo oré: "Recibo tu fuerza, Señor. Dependeré de Tu mano para levantarme. Con todo mi ser, confiaré en Tu presencia para que nunca dude que estas a mi lado".

Llamé a Jason por teléfono y juntos hicimos una conferencia con Jeff para que los tres hablemos. Respiré hondo para cobrar valentía.

—Hijos, ustedes saben que papá estuvo lejos de casa por un año. Ayer, ambos firmamos los papeles del divorcio —les dije en voz baja.

Hubo un breve silencio.

—Mamá, ¿estás bien? —Jason preguntó.

Las lágrimas quemaron mis ojos.

—Si mi amor, estoy bien.

—Yo tenía la esperanza de que eso no sucediera —dijo Jeff—. Pero respetamos su decisión. ¿Hay algo que podamos hacer, mamá? ¿Necesitas algo?

Su reacción tan tierna y amable calmó mi corazón con una dulzura que no había sentido en mucho tiempo. Ahora tenía que avisarle a mamá. Luché por encontrar la mejor forma de decírselo ya que quería evitarle cualquier angustia. Un día después de mi turno de trabajo, me acomodé en el sofá de su sala de estar.

Me tragué el nudo que tenía en la garganta.

—No quiero que te preocupes, pero Gene se irá por un tiempo. Está atravesando por algunos problemas dolorosos. De hecho, cree que el divorcio es lo mejor para nosotros —le dije.

—¡Oh, no! —abrazándome, rompió en llanto—. ¿Qué pasó?

—Demasiadas cosas—le alcancé un pañuelo—. ¿Pero sabes qué? Tú, yo y el Señor estaremos bien. ¿Acaso nos ha abandonado alguna vez?

—No —dijo entre sollozos.

—Bueno, no nos abandonará ahora tampoco. Estaremos protegidas. Nos tenemos la una a la otra, y ahora Dios es nuestro padre y esposo.

Durante el día, traté de mantener a mamá ocupada permitiéndole que cocine para las dos. Su pasatiempo favorito era escuchar la Biblia dramatizada y, a veces también las enseñanzas de David Jeremiah. Una vez que ella se iba a la cama, yo pasaba mis noches sin dormir, escuchando música de alabanza y enseñanzas cristianas. Mientras yacía en la tristeza por mi matrimonio, Dios sabía exactamente qué decirme.

"Olvida las cosas pasadas, no te detengas en el pasado. ¡Mira, estoy haciendo algo nuevo! Ahora brota, ¿no lo percibes? Estoy haciendo un camino en el desierto y arroyos en la tierra baldía." (Isaías 43:18-19)

Si bien aún no percibía las cosas buenas que Dios estaba haciendo, sin dudar elegí borrar cualquier rastro de rencor o culpa del campo en ruinas de mi corazón. Momento a momento, el velo de la tristeza se abría y daba la bienvenida a la corriente de bendiciones en el desierto de mi dolor.

Ahora las compras las hacíamos Mamá y yo juntas. Ella conducía hasta la tienda de comestibles y se apresuraba en encontrar el primer scooter disponible. Se había convertido en una experta en arrancarlo y conducir. Los pasillos de las tiendas eran sus pistas de carrera, a veces tenía que acelerar bastante el paso mientras me aferraba al respaldo del asiento para seguirla.

El momento de cambiar nuestra rutina dominical había llegado. Durante muchos años, Gene y yo habíamos asistido a la iglesia Bautista mientras mamá y papá asistían a la Misa Católica.

—¿Quieres que te acompañe a la misa mañana? —le pregunté a mamá un sábado por la tarde.

—En realidad —me respondió—, hace mucho tiempo que vengo deseando asistir a una iglesia donde enseñan la Biblia.

Su respuesta me hizo sonreír.

—Entonces, ¿qué tal si buscamos una cerca de casa? Conozco una iglesia excelente a la que podemos ir y me dices si te gusta.

Asistir a esa nueva iglesia fue un nuevo comienzo para ambas. La amabilidad de las personas que nos dieron la bienvenida al entrar, conmovieron a mamá. Después del servicio, la tomé del brazo mientras salíamos. Una vez en el auto, me habló con entusiasmo sobre su experiencia.

—Nunca escuché un mensaje tan maravilloso, tan claro, tan verdadero.

A partir de ese momento, asistimos allí cada domingo. Me gustaba el hecho de que nadie en la congregación sabía que era autora u oradora. Tampoco sabían que era maestra de escuela dominical de mujeres. Pero lo mejor de todo era que nadie me hacía preguntas sobre Gene ni detalles sobre lo que estaba pasando.

Pero no pasó mucho tiempo para que el pastor se enterara de mi anterior ministerio. Mientras mamá y yo salíamos de uno de los servicios dominicales, él nos detuvo.

—Janet, tengo entendido que eres autora y oradora.

Asentí con una sonrisa.

—Solo por la gracia de Dios —le confesé.

—Me gustaría hablar contigo. ¿Podrías hacer una cita con mi secretaria?

—Claro que sí —le dije.

Unos días después, me reuní con el pastor en su oficina, donde compartí todos los detalles de mi camino y ministerio que Dios me había confiado. Para mi sorpresa, me invitó a hablar ante su congregación en los cuatro servicios dominicales. La invitación era una bendición. Pero, ¿estaba lista? ¿Mi corazón había sanado lo suficiente? ¿Mi mensaje seguiría cargado del poder restaurador de Dios?

—¿Me daría tiempo para pensarlo? —le respondí.

Tenía unos meses para prepararme. Pero luchaba con la duda en cuanto a mi habilidad para estar frente a un púlpito de nuevo. Durante los últimos quince años como conferencista, Dios me había concedido Su favor para predicar con confianza, aplomo, claridad y creatividad los mensajes que Él había utilizado para cambiar corazones y transformar almas. Pero, ¿se habían hundido todas esas habilidades en el lodo de mis tribulaciones? En el último año, había declinado con gentileza todas las invitaciones a charlas. ¿Estaba lista para inspirar a congregaciones de nuevo, cuando mi propio corazón aún sangraba?

Dios estaba a punto de responder a cada una de esas preguntas. Un día, después de una de mis sesiones de interpretación, sonó el teléfono de casa. Cuando respondí, las palabras que escuché me tomaron por sorpresa. Me incliné hacia adelante en mi silla.

—Disculpe, ¿qué fue lo que me dijo? ¿Podría repetirlo? —demandé con asombro.

—Dije que el comité de liderazgo de la Cámara de Comercio Hispana de Florida, la eligió como ganadora del Premio Don Quijote Lifetime Achievement Award 2019 —repitió pacientemente la persona al otro lado de la línea.

Me quedé sin palabras. Este prestigioso premio había sido otorgado a hispanos tan ilustres como la primera latina cirujana general bajo la administración presidencial de George Bush. La lista de hombres y mujeres que habían recibido este premio, que se daba una vez en la vida, ocupaban cargos altos, muy por encima del mío. ¿Merecía yo este increíble reconocimiento?

Tragué saliva.

—¿Está segura? Estoy más que honrada —le contesté—. Gracias.

Inmediatamente llamé a Jason y Jeff, y les di la noticia: "Su mamá será honrada en una gala y recibirá un premio, ¿serían mis escoltas en el evento?".

Ambos aceptaron. Mientras preparaba mi discurso de aceptación, le pregunté a Dios si este premio era su forma de borrar mis dudas y restaurar mi confianza. Su respuesta resonó con claridad. Este premio reflejaba el reconocimiento del mundo. Pero Dios ya me había entregado el verdadero premio, susurrando sus promesas:

"Te he llamado por tu nombre; tú eres mía. Cuando pases por las aguas, yo estaré contigo, y cuando pases por los ríos, no te anegarán. Cuando camines por el fuego, no te quemarás ni te abrasarán las llamas porque yo soy el Señor, tu Dios, el Santo de Israel, tu Salvador." (Isaías 43:1-3)

Con profunda gratitud, levanté mi voz interior en alabanza: "Padre Celestial, que hermoso recordatorio de que soy Tuya y Tú eres mi Dios y mi Salvador. ¿Qué mayor premio podría desear? Evitaste que me ahogara en el río del dolor, me protegiste de las llamas del fuego de la angustia".

Dios utilizó otro pasaje de la Biblia para recordarme que yo no era la única que había atravesado por valles oscuros con pruebas difíciles. Después de matar a Goliat y ser ungido como el próximo rey de Israel, David había soportado largos años de espera y exilio antes de ascender al trono. Las palabras que el Rey David escribió detallando ese tiempo fueron igualmente ciertas en mi propia vida.

"Esperé pacientemente a que el Señor me ayudara, y Él se volvió hacia mí y escuchó mi clamor. Me sacó de la fosa de la desesperación, del lodo y del fango. Puso mis pies en tierra firme y me estabilizó mientras caminaba. Me ha dado un cántico nuevo para cantar, un himno de alabanza a nuestro Dios. Muchos verán lo que ha hecho y se asombrarán. Pondrán su confianza en el Señor." (Salmo 40:1-3)

Aquí también Dios estaba respondiendo a mi dilema. "¡Muchos se asombrarán de lo que Dios ha hecho! ¡Pondrán su confianza en el Señor!" Todo lo que Dios me pedía era que elevara mi himno de alabanza por lo que Él había hecho en mi vida. Mientras relatara las asombrosas obras de Dios a mi audiencia, la gente lo vería a Él, no a mí. Se sentirían atraídos por la fidelidad de Dios y pondrían su confianza en Él, no se desviarían por ninguna crueldad que manchó mi propio camino.

Sobre las promesas en estos dos pasajes, declaré mi victoria esa misma noche. Dios no me había impedido ahogarme sin un propósito. No me había protegido del fuego de la angustia sin una razón. Y Él no me había sacado del fango y del lodo del pozo de la desesperación y puesto mis pies en tierra firme sin un plan definido. El plan de Dios era que yo siguiera adelante, no como una víctima cubierta de cicatrices, sino como una vencedora que lucía el esplendor de Su poder restaurador.

Coloqué ese precioso premio espiritual en la caja de cristal de mi corazón como un recordatorio siempre presente de cómo Dios me había sacado del pozo de la desesperación. Luego llamé al pastor de nuestra nueva iglesia.

—Sería un honor y una bendición para mí hablar en los cuatro servicios —le dije.

—¿Incluso el servicio en Español?

Me reí y le dije "Sí".

Pero después de compartir mi mensaje, Dios tenía otra sorpresa que cambiaría mi vida.

CAPÍTULO TREINTA Y DOS

NUEVO COMIENZO

"Ustedes quisieron hacerme daño,
pero Dios quiso convertirlo en bien para que se realizara
lo que hoy ven: conservar la vida de un pueblo numeroso."

Génesis 50:20

Con las manos sudorosas y la boca seca, me puse de pie ante el púlpito de nuestra nueva iglesia. No había marcha atrás, ya me había comprometido a hablar en los cuatro servicios. Pero pararme frente a una congregación después de que mi vida había dado un vuelco, era como cruzar una calle muy transitada sin mi bastón blanco.

El momento en que tomé el micrófono en mi mano, sentí la presencia del Espíritu Santo en mi corazón. La duda desapareció y el coraje me inundó de nuevo mientras comenzaba a compartir apasionadamente lo que Cristo había hecho por mí, a través de mí y a pesar mío. Como siempre, inicié mi presentación con humor. Mientras la congregación se reía, se formaba un vínculo entre nosotros.

Con renovada confianza, asumí el papel de oradora para lo que Dios me había preparado. Dirigí mis palabras a cada uno de los corazones en la audiencia sumidos en la amargura del dolor, sacudidos por la traición o el fracaso, lidiando con inesperadas y dolorosas transiciones. Con ilustraciones sacadas de mi propia vida, les puse en claro que ninguno de ellos tenía que quedarse ciego para poder ver el propósito de Dios en sus propias vidas. No tenían que ser derrotados por la injusticia. Ni tampoco tenían que vivir sacudidos por las circunstancias de la vida. Al contrario, cada uno de ellos podría ser vencedor mediante el poder de Dios que logra superar todas sus aflicciones.

Con renovada osadía, declaré la batalla entre el mal de este mundo y la bondad de Dios. Por un lado, Satanás planea hacernos daño, robarnos la paz, borrar nuestra esperanza y continuar con su maldad en nuestro futuro. Pero debido al poder del Espíritu Santo obrando en nosotros, Satanás finalmente será aplastado y sus maquinaciones desmanteladas. El triunfo de Dios sobre todo mal marcará el comienzo de una victoria majestuosa, el resplandor del éxito y un gozo inexplicable. Y los planes de Dios para nosotros no son solo para la eternidad, sino para ofrecernos una esperanza y un futuro hoy tal como lo prometió a través del profeta Jeremías.

"'Porque yo sé los planes que tengo para vosotros' —declara el SEÑOR—. 'Planes para prosperar y no para haceros daño, planes para daros esperanza y un futuro.'" (Jeremías 29:11)

Continué relatando cómo el amargo camino de mi vida había sido cubierto con la dulzura de la gracia de Dios. Enumeré las trampas del mundo, pero también resalté las promesas de Dios. Detallé cada etapa que amenazaba con hundirme pero, por los brazos fuertes de Dios, fui levantada. Dios había reemplazado cada momento de mi dolor con una paz reconfortante.

La mejor parte de ese día fue escuchar a tanta gente decir que se sentían llamados a ir hacia Dios a través de mi mensaje. Después de cada servicio, una miembro de la iglesia me guió muy amablemente para bajar del escenario e ir hacia una mesa donde se habían colocado mis libros. Mientras yo estaba de pie junto a la mesa, muchos se me acercaron para expresar cómo mi mensaje los había conmovido y me contaron que mi historia de triunfo les había ayudado a ver sus propios problemas de una manera diferente.

Después del tercer servicio, un caballero con una voz encantadora me estrechó la mano.

—Mi nombre es Dale —se presentó—. Muchas gracias por tu mensaje. He estado luchando con la pérdida de mi esposa por más de dos años. Ahora estoy inspirado para seguir adelante.

Le di un abrazo como era mi costumbre hacerlo con todos los que se me acercaban.

—Qué bendición saberlo —le dije—. Gracias por compartir.

El domingo siguiente, mamá y yo volvimos a nuestra rutina habitual en la iglesia. Pero, a diferencia de domingos anteriores, ahora la mayoría de la congregación me conocía y conocía los detalles de mi historia. Un domingo, Dale se acercó a saludarnos a mamá y a mí.

—Tengo una pregunta para ti, ¿cuánto tiempo han estado asistiendo a esta iglesia?

—Durante unos seis meses —le contesté.

Dale Jadeó.

—¡Qué extraño!. Como ujier principal, generalmente estoy parado aquí en la puerta cada servicio. ¿Cómo es que nunca me di cuenta antes de que tú o tu mamá entraban o salían?

—¿Quizá tú también tengas algún problema con tu vista? —bromeé. Ambos nos reímos.

Luego de esa conversación, mamá y yo nos deteníamos a conversar con Dale al salir de la iglesia.

Un día, mamá necesitaba ayuda con una propiedad que estaba arrendando. Me enteré que una de las muchas habilidades de Dale eran las reparaciones en casas, por lo que le envié un correo electrónico para pedir su consejo. El inmediatamente respondió recomendando una persona que tenía experiencia en el área. Ese fue el comienzo de una serie de intercambios de amistosos correos electrónicos que después se convirtieron en llamadas telefónicas.

Como solía hacer con muchos que conectaban conmigo, mi esperanza era siempre dar consuelo a quienes pasaban por momentos difíciles. Cada vez que hablábamos por teléfono, Dale compartía más y más acerca de su vida y cómo estaba lidiando con la pérdida de su esposa. Cuanto más hablábamos, más evidente se hacía que nuestros puntos de vista, metas, valores y deseos de promover el Reino de Dios se alineaban el uno con el otro. Llegué a admirar la devoción de Dale por Cristo y su compromiso de servir a los demás.

Mi propia pasión continuaba siendo el honrar a mi Señor impartiendo más mensajes de la gran fidelidad de Dios. Después de un año, empecé a aceptar invitaciones para predicar.

A medida que pasaban las semanas, mamá y yo nos íbamos acostumbrando a nuestra nueva rutina. Rutina que estaba a punto de cambiar.

Dale y yo continuamos conversando ocasionalmente, tanto por teléfono como en la iglesia, hasta que un día me invitó a cenar. ¡Glup! Llamé a una amiga muy cercana y le conté sobre la invitación.

—Me parece una locura —le dije—. A mi edad y en mi situación, yo no debería aceptar invitaciones de un hombre para cenar.

—¡Vive, mujer! —me respondió, para sorpresa mía— ¿Qué te pasa? Si Dios puso a este amigo en tu camino, ¿qué tiene de malo cenar con él?

Esa noche me puse a escribir en mi diario:

"Señor, ¿podría esto realmente venir de Ti? Te pedí tres cosas. Permitirme continuar con el ministerio. Ayudarme a cuidar de mamá. Y protegerme de la soledad. Respondiste con claridad a las primeras dos. ¿Será posible que con esta invitación estés respondiendo a mi tercera petición? Sólo necesito saber que eres Tú quien está abriendo esta puerta. Por lo tanto, oro con total confianza para que bloquees este sendero si no viene de Ti o no se alinea con tus planes para mi vida. Cada paso que dé hacia adelante, lo haré con cautela hasta que vea Tu mano deteniéndome."

A lo largo de mis años de ministerio, había viajado sola a numerosos países extranjeros. Me había aventurado por lugares desconocidos. Pero esta nueva experiencia con Dale llevaba nuevas aprensiones. Saludarlo los domingos y charlar de vez en cuando por teléfono era una cosa. Pero estar en su compañía me provocaba un poco de inquietud. Después de mucho orar por valentía y sabiduría, entré en ese terreno extraño, con la plena confianza de que Dios me protegería y bloquearía esa senda si no era Su voluntad.

Pero en lugar de detenerme, Dios permitió que avanzara. Pasamos un bonito momento en esa primera cita. Como un regalo de cumpleaños, rompimos el celofán de la camaradería, para dar paso al dulce romance. Eventualmente, Dale mencionó el matrimonio. Jadeé por dentro. Ni siquiera había estado sola más de dos años. ¿Sería demasiado pronto para tomar una decisión tan definitiva?

Recurriendo a mi manera usual de combatir las dudas, me dirigí a Dios en oración: "Señor, no estoy segura cómo responder a esto. Te pido que me concedas claridad en mis pensamientos y sabiduría para reconocer Tu voluntad".

En ese momento me acordé de la historia de Abigail en 1 Samuel 25. Casada con un borracho abusivo, la naturaleza decisiva de Abigail fue impactante. Cuando la maldad de su esposo resultó en un enfrentamiento con David, ella salvó a su familia y evitó que David hiciera algún mal. Poco después, el esposo de Abigail falleció debido a sus vicios, y David inmediatamente le propuso matrimonio. El relato bíblico deja en claro que ni el encuentro inusual de Abigail, ni tampoco el posterior matrimonio con David eran coincidencias sino el plan divino de Dios para los dos. Este pasaje me brindó un patrón bíblico para mi propia respuesta.

Mientras esperaba una confirmación de Dios, acepté una invitación para dar una conferencia en Ecuador. Durante el tiempo que estuve allí, Dale visitó a mamá buscando su bendición en caso de que decidiéramos casarnos. La naturaleza amable y alegre de Dale ayudó a estrechar vínculos con mamá. Ella se reía como una niñita cada vez que él llegaba a casa para visitarla. Cuando le hizo saber sus intenciones de casarse conmigo, ella suspiró encantada y nos dio su bendición. Mis hijos eran otra historia.

—Quisiera saber qué piensa acerca de la ceguera de mi mamá. ¿Está dispuesto a lidiar con eso? —Jason, astutamente preguntó a Dale.

—Tu mamá ve mejor que cualquiera de nosotros —respondió Dale.

Por otro lado, Jeff expresó mayor preocupación. No estaba seguro de que Dale me cuidaría como es debido, y dudaba de que yo estuviera en una situación relativamente nueva con un hombre que él no conocía. Pero una vez que Dale y Jeff conversaron, Jeff aceptó nuestra relación. Los hijos de Dale, que a su vez ya eran adultos, hicieron lo mismo.

Cuando regresé de Ecuador, Dale me propuso matrimonio. Yo acepté. Pero también invité a Dios para que continuara involucrado con nuestra relación a medida que iniciaba este nuevo capítulo, apoyándome en el Espíritu Santo para que estuviera a mi lado.

Momentos muy agradables llenaron esa temporada. Mamá, Dale y yo iniciamos una nueva rutina después del servicio dominical. Iríamos a nuestro restaurante favorito y luego pasábamos los domingos por la tarde juntos en casa. Dale escuchaba atentamente a mamá contar historias de nuestra vida en Bolivia, nuestro viaje a este país y su pasión por conocer a Jesús.

Una mañana cuando entré a la cocina, mamá estaba sentada en un taburete y jaló otro al lado suyo.

—Ven. Siéntate a mi lado.

Sabía lo que eso significaba, quería compartir algo importante conmigo. A veces me regañaba dulcemente porque a su parecer, yo trabajaba demasiadas horas y no descansaba lo suficiente. Pero esta vez su tono era más serio que de costumbre.

—Sé que te dije esto antes, Janet, pero no quiero que lo olvides. Todo lo necesario para mi cremación está en orden y ya ha sido pagado, ya sabes dónde guardé todos los documentos, ¿no es cierto?

—Sí, mamá, me lo has dicho repetidas veces. Incluso le dijiste a Dale, ¿recuerdas? —me acerqué a ella para darle un abrazo y agregué burlonamente— En cualquier caso, ¿a dónde crees que vas? Después de todo, ¿cuántas señoras de noventa y dos años disfrutan de perfecta salud como tú?

—Noventa y dos y medio —me corrigió en un tono cantarín.

—Tienes razón. Y a esa edad, no tomas un solo medicamento. Tu mente está más alerta que la del resto de nosotros, y tu alegría contagiosa nunca acaba —sacudí mi cabeza—. Entonces, ni una palabra más de cremación ni nada de eso.

Con su diminuta mano, tomó la mía.

—No, no, no pienses de esa manera. No estamos destinados a vivir aquí para siempre. Este no es nuestro hogar. El cielo es nuestra morada permanente. Ahí es donde anhelo vivir con Jesús para siempre —me dijo con un tono tan dulce como una madre arrullando a su bebé.

Por otro lado, Dale y yo también esperábamos un evento especial, el día de nuestra boda. De pie, frente al altar de la iglesia donde nos habíamos conocido, pronunciamos nuestros votos ante Dios, la familia y amigos. Mientras lo hacíamos, una profunda gratitud inundó nuestros corazones por la forma en que Dios había restaurado nuestras vidas, aliviado nuestro dolor, devuelto tranquilidad a nuestros días y esperanza para nuestro futuro.

Una vez que regresamos de nuestra luna de miel, la rutina diaria de casados siempre incluía a mamá. Por las tardes, disfrutábamos de una merienda juntos, viendo el programa de televisión de *Andy Griffith*. Los domingos asistíamos a la iglesia como un trío. Tan sólo dieciocho meses más tarde, COVID me atacó. Yo me recuperé, pero mamá también se enfermó. La neumonía afectó su respiración y tuvo que ser hospitalizada. Dos semanas después, la trajimos a casa. Con la familia alrededor suyo, se deslizó suavemente, como un ángel precioso, hacia el esplendor de su hogar celestial permanente.

En el funeral de mamá, celebramos su vida, no su pérdida. Ella no había muerto, simplemente dejó la tierra de los que estaban muriendo para ir a la tierra de los que viven. El gozo del Señor siempre había sido su fuerza dondequiera que su diminuta figura fuera, y ese gozo también sería nuestro.

Mamá probablemente estaba sonriendo desde el cielo cuando recibí una invitación para participar en el concurso de Miss Florida Senior 2022. Al principio, descarté la idea lanzando una carcajada. Participar en un concurso de belleza parecía un tanto frívolo. Pero la directora del concurso insistió y me ofreció una beca que me eximía del cobro de la inscripción.

Acepté, pero aún con cierta vacilación. Pero una vez que firmé el contrato, di todo de mi parte, consciente de que yo era la primera concursante no vidente en este certamen. Preparé mi filosofía de vida, compré mi vestido de gala y me preparé para la entrevista de los jueces. Para el concurso de talentos, practiqué y practiqué el baile flamenco/salsa.

Bailar era la parte fácil. Pero hallar la manera de evitar que, de tanta vuelta y zapateo, no termine dando la espalda a mi público. Pero para entonces ya sabía cómo poner toda mi confianza en la fidelidad de Dios, que siempre brilla hasta en los más pequeños detalles.

Y esta no fue la excepción. A Dale y a mí se nos ocurrió una solución, colocaríamos una pequeña alfombra en el piso para que yo la sintiera con los pies, y así tener un punto de referencia. Y resultó. Acepté el reto y disfruté la experiencia. Recibí el premio a la mejor filosofía de vida y la mejor entrevista de los jueces. ¡Y qué divertido escuchar los ánimos de mi familia cuando me otorgaron el trofeo de la primera finalista para el título de Ms. Senior Florida 2022!

Pero un premio aún más valioso llegó unos meses después, cuando Dios bendijo a Jeff y su esposa Krystal con una dulce bebé. Mientras sostenía su diminuto cuerpecito en mis brazos, con tan sólo dos días de haber nacido, recorrí sus mejillas de terciopelo con las yemas de mis dedos. Inhalé el delicioso aroma del amor de Dios. Sentí la belleza de una nueva vida. El comienzo de una nueva esperanza. El amanecer de dulces expectativas, el gozo renovado y la promesa de Dios de nuevos mañanas. La siguiente entrada en mi diario dice:

"Señor, entre las rosas de bendiciones en el jardín de mi vida, las espinas han hecho sangrar mi corazón. Sin embargo, la suave lluvia de tu gracia ha lavado mis heridas, enjugado cada lágrima y despejado todos mis miedos. Con nueva visión, veo el color de la gratitud y la esperanza que pinta el paisaje de mi vida."

EPÍLOGO

NO ES EL FIN

En la introducción de este libro, te invité, mi querido lector y amigo a la privacidad de mi viaje. Gracias por aceptar mi invitación. Qué hermoso fue que me acompañaras durante el relato de las tormentas en mi vida, que Dios ha convertido en mares serenos y apacibles.

Ahora es tu turno. Tu propio nuevo y maravilloso comienzo. Antes de dar vuelta a la última página y que sigas adelante con tu vida, quiero que sepas que Jesús está trabajando, escribiendo tu historia también. Pero puede que se esté tomado una pausa. Eso es porque Jesús no irrumpe en nuestras vidas sin invitación. Él espera que lo invitemos antes de entrar.

Si aún no lo has hecho, Jesús está esperando esa invitación. Él tiene ya trazado el mapa para tu viaje, las curvas marcadas, las paradas definidas y el destino determinado, un bello destino de triunfo. No importa dónde te encuentres ahora mismo en la vida, o cuán grande sea el desorden, o cuán oscuro sea el pecado, o cuán profunda la vergüenza o los errores, Jesús está listo para derramar Su agua viva para lavar esas manchas, curar tus heridas y borrar las cicatrices. Con Su maravillosa gracia y Su amor infalible que siempre están contigo, tu vibrante nuevo viaje te llevará a un hermoso horizonte de momentos victoriosos.

Y ahora es momento de voltear la última página. Aunque este libro haya terminado, espero y deseo, querido lector, que nuestra amistad apenas haya comenzado. Yo estoy aquí para ti. ¿Necesitas orientación en tu nueva vida con Jesús? ¿Tienes preguntas sobre mi historia? ¿Necesitas explicaciones? O tal vez solo necesites hablar o compartir tu propio viaje por la vida. Sea lo que sea, me encantaría estar en contacto contigo. Puedes escribir un mensaje a mi correo electrónico: janet@janetperezeckles.com

Para más información de mis otros libros, videos, publicaciones de blog y mucho más, puedes visitar mi página web: www.caminodeluz.net

ACERCA DE LA AUTORA

Ni la ceguera ni las tragedias han impedido que Janet Perez Eckles se convierta en autora de cinco libros inspiradores, oradora internacional, locutora de radio y fundadora de JC Empowerment Ministries. Sus relatos han aparecido en treinta y dos títulos de *Chicken Soup for the Soul* y en cientos de publicaciones impresas y digitales. Ha sido entrevistada en programas de radio y televisión cristianos, desde Enfoque a la Familia hasta el Club 700 y fue portada de la revista Mujer Hispana. Janet vive en Florida con su esposo Dale, sus hijos adultos y sus encantadores nietos.

Más información en www.caminodeluz.net

¿TE GUSTO EL LIBRO?

Querido lector,

Tus comentarios acerca del libro significan mucho para mí. *¿Podrías compartirlos en Amazon por favor?*

De esta manera podemos hacer conocer, tú y yo, sobre la fidelidad de Dios a quienes se encuentran sufriendo y están agotados por la adversidad de la vida.

¡Mil gracias!

Con amor,

Janet